LE MIX ORGANISATION

Groupe Eyrolles
61, bd Saint-Germain
75240 Paris Cedex 05
www.editions-eyrolles.com

© Groupe Eyrolles, 2014
ISBN : 978-2-212-55998-9

Jacques Jochem
En collaboration avec
Hervé Lefèvre et les équipes
de Kea & Partners

LE MIX
ORGANISATION

Et si l'entreprise mobilisait enfin l'énergie naturelle
de l'autonomie ?

EYROLLES

Sommaire

À Jean-Christian Fauvet

Préface

Jacques Jochem et moi sommes deux anciens du cabinet Bossard, où il a été pendant plus de vingt ans mon mentor professionnel. Et j'ai été ravi qu'il me propose de faire à nouveau équipe pour produire ensemble ce livre sur un sujet qui nous tient à cœur tous les deux. Un projet dans lequel ma récente transmission de la présidence de Kea & Partners me donne l'opportunité de m'investir.

Le modèle dont il s'inspire a pour origine un programme de développement mené au sein de Bossard à la fin des années 1980 par Jean-Christian Fauvet et Jacques Jochem, et auquel ils m'ont associé.

Ce programme, baptisé « Management global », avait pour ambition de trouver comment mieux appréhender la complexité grandissante des organisations humaines, un enjeu auquel commençaient à être confrontés nos clients de l'époque, et qui est devenu crucial aujourd'hui.

L'approche à laquelle il a donné naissance intègre, dans un référentiel unique, l'ensemble du fonctionnement d'une organisation et met en relations tous les éléments permettant de le décrire. Elle met en évidence quatre formes d'organisations dont l'une, singulière, se trouve être particulièrement appropriée au traitement de la complexité. Elle fut qualifiée d'holomorphe dans le sens que chaque élément, chaque partie porte la forme du tout.

Ma participation à ce programme a été une période très intense et très riche de ma vie professionnelle. Il faut dire que le terreau était favorable ! Les deux ans de mon cursus scolaire passés à l'Engref (École nationale du génie rural, des eaux et des forêts) m'avaient déjà permis d'étudier les écosystèmes forestiers et d'y apprendre de mon professeur de sylviculture que « pour maîtriser la forêt il faut l'imiter ». Ce qui veut dire que plutôt que de contraindre la nature il faut en utiliser les forces et respecter les équilibres. Je ne savais pas à l'époque que mon activité de conseil en management allait m'amener plus tard à tirer parti de cet apprentissage de l'écologie. Elle a constitué une parenthèse d'ouverture dans un métier très contraignant, me conduisant à me replonger dans la thermodynamique, la biologie, les mathématiques, à aborder la théorie du chaos et des fractals, à lire les philosophes de la complexité, à découvrir l'école de Paolo Alto et ce que veut dire « management paradoxal ». Ma pratique professionnelle s'en est trouvée fortement et définitivement imprégnée, aussi bien dans mon métier de consultant que dans la création et la direction de Kea & Partners.

Vingt ans d'expériences accumulées et de maturation ont donné du sens aux concepts et légitimé l'approche visionnaire initiée par la démarche du management global. Les consultants qui l'ont pratiquée appréhendent les entreprises avec un regard plus large et plus englobant. Ils ont une meilleure compréhension des transformations et du rôle incombant au leader, et s'intéressent au développement de l'autonomie des organisations et des hommes qui les font vivre.

Kea & Partners a, depuis sa création en 2001, largement intégré cette approche dans sa vision du management, sa conception des programmes de transformation et sa pratique du conseil. Nous considérons que notre mission est d'aider les organisations à devenir plus autonomes dans leurs processus de transformation et donc à gagner en maturité. On en retrouve les concepts dans toutes nos publications : dans « La Revue », collection de cahiers de réflexions sur la transformation que Jacques Jochem nous avait d'ailleurs aidés à lancer, dans *L'Élan sociodynamique*, livre publié avec Jean-Christian Fauvet en 2004, dans « La lettre de la sociodynamique », lettre électronique à laquelle Jean-Christian a contribué jusqu'à sa dernière heure.

Ce livre est pour Kea & Partners le point de départ d'un nouveau travail de recherche et développement. Il a été dans un premier temps l'occasion de réunir un petit groupe de consultants d'expériences très variées allant des plus jeunes au nouveau président de Kea, Arnaud Gangloff, pour aller plus en profondeur dans les concepts, illustrer l'approche par des études de cas sur des missions actuelles et participer à la mise au point du livre.

Les travaux d'approfondissement porteront notamment sur les stratégies et les modes d'action suggérés par le modèle, un thème que ce livre n'aborde pas. Ils donneront lieu à des cycles de conférences, de témoignages et au lancement d'une séries de cahiers.

Ainsi, à travers notre projet, le chemin initié avec Jean-Christian Fauvet et Jacques Jochem, il y a plus de vingt ans, trouve aujourd'hui une continuité prometteuse auprès des jeunes générations.

Je leur souhaite d'y trouver autant de passion que j'en ai trouvé moi-même.

Hervé Lefèvre

Avant-propos

La thèse du livre peut se résumer ainsi :

Dans toute entreprise cohabitent **quatre formes d'organisation** : tribale, mécaniste, transactionnelle et holistique. Chacune de ces formes a sa logique, ses valeurs de référence, ses sources d'énergie privilégiées ainsi que ses bonnes pratiques.

Chaque entreprise ou sous-ensemble de l'entreprise les marie suivant une configuration qui lui est propre : son **« mix organisation »**. Ce mix, volontariste ou subi, est fonction de son métier, de son environnement et de son histoire. Il est plus ou moins harmonieux et sert plus ou moins ses enjeux de performance.

Dans ce « mix organisation », la forme aujourd'hui la moins développée est celle que nous avons baptisée **« holistique »**. Mais c'est aussi la plus prometteuse. Sa singularité majeure est de faire plus confiance aux hommes, managers et collaborateurs, qu'aux systèmes pour faire face à la complexité irréversible atteinte à la fois par l'environnement de l'entreprise et par son fonctionnement interne. Elle permet d'installer un contexte de travail attractif pour les talents dont elle a besoin, générateur d'engagement et propice au développement de l'innovation. Trois enjeux auxquels les mix actuels à dominantes mécanistes ou transactionnelles ont de plus en plus de mal à répondre.

Il existe, encore en petit nombre, mais sous des formes parfois très poussées, des entreprises, généralement petites ou moyennes, qui se sont dotées de mix organisation à dominante holistique. Elles définissent leurs modes d'organisation de différentes manières, mais en référence aux mêmes principes dont celui d'auto-organisation. Les réflexions à leurs propos semblent se multiplier, contribuant à remettre sur l'agenda des dirigeants **l'organisation de l'entreprise comme facteur de sa compétitivité**. Un statut qu'elle avait perdu, parce que progressivement reléguée, au cours de ces dernières décennies, au rang de simple commodité.

Notre conviction est que beaucoup d'entreprises, et notamment les grandes, gagneraient à faire évoluer, partout où c'est possible, leur mix organisation, pour donner plus de place à l'organisation holistique. Non pour des considérations humanistes, mais parce qu'elle s'avère être, dans un grand nombre de cas, le mode de fonctionnement le plus efficace et le plus économique. La **révolution digitale** en cours met à leur disposition les outils qui leur manquaient pour irriguer des communautés plus nombreuses, plus diverses et plus dispersées que celles de leurs consœurs plus petites et plus localisées.

Mais nous ne croyons pas à une nouvelle mystique organisationnelle ou managériale qui conduirait, en jetant le bébé avec l'eau du bain, à « libérer l'entreprise » et à l'amener vers un utopique âge d'or. Une des raisons étant que **l'organisation holistique ne peut exister seule**. Pour pouvoir s'installer et prospérer, elle a besoin de s'appuyer, au sein du mix organisation, sur un socle mécaniste. Ce socle, calibré au plus juste, va apporter l'ordre, la stabilité et la continuité nécessaires à l'essor des initiatives et des coopérations. Au sein du **profil diagonal** du mix organisation, il va faire office de quille du bateau.

Toute initiative visant à opérer des changements dans l'organisation et le fonctionnement de l'entreprise devrait prendre en compte son mix organisation afin d'éviter des erreurs ou des contresens à propos de la nature des solutions ou bonnes pratiques à mettre en œuvre, ainsi que des stratégies de changement à privilégier. A fortiori si l'on a l'ambition de faire évoluer le mix lui-même, en « **trans-formant** » l'entreprise, c'est-à-dire en faisant passer certains éléments de son fonctionnement d'une forme d'organisation à une autre.

Introduction

Ce livre s'adresse à tous ceux qui ont charge d'âmes dans les entreprises. Les dirigeants, bien sûr, mais aussi les managers de proximité. Ce qui devrait d'ailleurs être un pléonasme, tant on a du mal à concevoir qu'un manager, quel que soit le niveau auquel il opère et quelle que soit la manière dont il intervient, ne soit pas « proche » de ceux dont il est censé s'occuper.

Il propose une **grille de lecture originale**, inspirée des travaux d'Edgar Morin et de Jean-Christian Fauvet, dont la genèse est rappelée en annexe, et qui permet de mieux comprendre le fonctionnement des organisations dans lesquelles nous vivons, et comment ce fonctionnement influe sur leurs performances.

Il comporte trois parties :

- la première présente la grille : quels en sont les fondements théoriques ? Quels sont les quatre modes d'organisation sur lesquels elle repose ? Comment se comparent-ils entre eux ?

- la deuxième situe les quatre modes d'organisation dans une perspective historique : quand sont-ils apparus dans l'entreprise ? Pourquoi ? Comment se sont-ils enchaînés ? Quels sont les grands enjeux actuels ? Vers quoi s'oriente-t-on ?

- la troisième analyse la manière dont les quatre modes d'organisation cohabitent dans l'entreprise. Comment en conditionnent-ils la performance ? Y a-t-il une configuration vers laquelle il faudrait essayer de tendre ? Quelles sont les bonnes pratiques ?

Le livre explore en particulier la piste prometteuse du développement de ce que nous avons appelé l'organisation « holistique », un mode de fonctionnement, à base d'auto-organisation, dont les possibilités sont encore largement sous-utilisées, même là où faire confiance aux hommes est à l'évidence la façon la plus efficace et la plus économe pour faire face à la complexité et à l'imprévisibilité de l'environnement actuel.

Comment le développement de ce mode d'organisation peut-il aider l'entreprise à mieux faire face à certains de ses enjeux actuels comme :

- résister aux dérives auxquelles la pousse la financiarisation de l'économie ?
- rester ou redevenir un lieu de développement personnel, condition de son attractivité pour les talents dont elle a besoin ?
- tirer le meilleur parti des opportunités exceptionnelles offertes par la révolution digitale en cours ?
- créer les conditions propices à l'innovation ?

Les principes et recettes, mis au point dans quelques entreprises-laboratoires, en sont aujourd'hui connus. Reste à savoir dans quelles conditions les autres, y compris les grandes, trouveront un intérêt à s'engager dans cette voie.

PREMIÈRE PARTIE

Une grille
de lecture originale

« Je serais bien fou de vouloir que les hommes obtiennent ce qu'ils veulent :
déraciner les maux de la vie et fondre les contraires dans une harmonie stérile
en bannissant la discorde de l'assemblée des hommes et des dieux, car ce
serait menacer l'univers d'une mort certaine. »

Héraclite

Oui, nous en sommes conscients ! C'est osé, à une époque qui nous enjoint
de tirer avant de viser, de commencer un manuel parlant du fonctionnement de l'entreprise par un chapitre de considérations théoriques.

Nous avons fait ce choix pour, d'une part, respecter le cheminement que
Jean-Christian Fauvet a emprunté quand il a eu l'intuition de son modèle
et, de l'autre, planter le décor et fixer quelques points de vocabulaire utiles.

On y trouvera trois entrées successives dans le modèle : d'abord
philosophico-scientifique, puis analytique, et enfin métaphorique.

Le lecteur pragmatique ou « qui veut du concret » pourra se contenter de le
parcourir rapidement, quitte à y revenir plus tard, s'il en éprouve le besoin.
Peut-être sera-t-il malgré tout intrigué par le petit développement de la fin
auquel nous nous sommes laissé aller... sur le football ! Quant au lecteur
curieux, il trouvera un détail supplémentaire dans L'Élan sociodynamique[1],
un des derniers ouvrages écrits par Jean-Christian Fauvet.

---

1. Jean-Christian Fauvet, L'Élan sociodynamique, Éditions d'Organisation, 2004.

Un peu de théorie

La dialectique du Un et du Multiple

À la base du modèle on trouve la dialectique universelle du Un et du Multiple que nous devons aux philosophes grecs présocratiques.

La dialectique, qu'est-ce que c'est ?

La dialectique recouvre plusieurs acceptions :

– une philosophie faisant du dynamisme, du mouvement par contradiction ou opposition, le principe d'évolution du monde et de la pensée humaine ;

– une méthode de raisonnement consistant à analyser la réalité en mettant en évidence les contradictions de celle-ci et en cherchant non à les réduire, mais à les dépasser ;

– un mode de représentation d'un phénomène selon deux axes correspondant à deux réalités contraires en tension entre elles.

Cette dialectique nous invite à considérer que toute organisation humaine est *à la fois* :

• une, et à ce titre plus ou moins fermée sur son dedans ;

• multiple, et à ce titre plus ou moins ouverte sur son dehors.

Le dedans fonde son identité, son « EGO ». Alors que sa finalité se trouve généralement dans son dehors, son environnement, son « ECO ». (Les deux termes d'EGO et d'ECO sont des raccourcis commodes empruntés à Edgar Morin.)

Les organisations auxquelles nous nous intéressons ici sont les entreprises, c'est-à-dire des organisations humaines à finalité économique.

Littéralement, « entreprendre » signifie « prendre entre », c'est-à-dire créer une entité à partir d'éléments de son environnement. Avec, dès lors, un dedans et un dehors :

- le dedans est fait des multiples composants dont l'entreprise a besoin pour fonctionner : des structures, des processus, des systèmes, des comportements, des modes de management, etc. Il est fort quand toutes ces composantes concourent à une plus grande implication des acteurs et à une appropriation collective de l'entreprise et de son dessein. Il est faible quand les employés ne se considèrent que comme des intérimaires en transit dans l'entreprise ;

- le dehors est ouverture au monde des clients, des fournisseurs, des concurrents, des médias, de la société, etc. Il représente la tendance de l'entreprise à s'intéresser et à réagir au désordre ambiant, à en tirer parti, à participer à ses évolutions, à y inscrire sa marque, etc. Il est fort lorsque tous y prennent leur part. Il est faible lorsque la préoccupation du client est circonscrite à la fonction commerciale.

Comme il se doit, les deux pôles de cette dialectique s'opposent et se complètent. C'est de leur tension naturelle que naît la dynamique de l'organisation. Et c'est du dépassement de leur contradiction qu'elle tire sa performance.

Trop de fermeture s'oppose au changement et trop peu disloque l'organisation. C'est le dedans qu'il faut renforcer pour accroître l'esprit de corps autour d'un projet et c'est sur le dehors qu'il faut ouvrir l'entreprise pour développer sa compétitivité.

Figure 1 – La dialectique du Un et du Multiple

Ce que résumait volontiers Jean-Christian Fauvet dans une de ses formules favorites : « Au fond manager une entreprise, c'est maîtriser le dehors par le dedans et mobiliser le dedans par le dehors. » Une définition qui colle bien à notre propos.

Une des caractéristiques de la dialectique « mère » du Un et du Multiple est que l'on peut, suivant les besoins, la décliner en une multitude d'autres correspondant chacune à un aspect particulier du fonctionnement de l'organisation : ordre/désordre, idées/faits, identité/diversité, collectif/individuel, tout/parties, centre/périphérie, etc.

Un côté « couteau suisse » (fig. 2) qui en fait un outil très puissant.

Figure 2 – Les multiples déclinaisons de la dialectique EGO/ECO

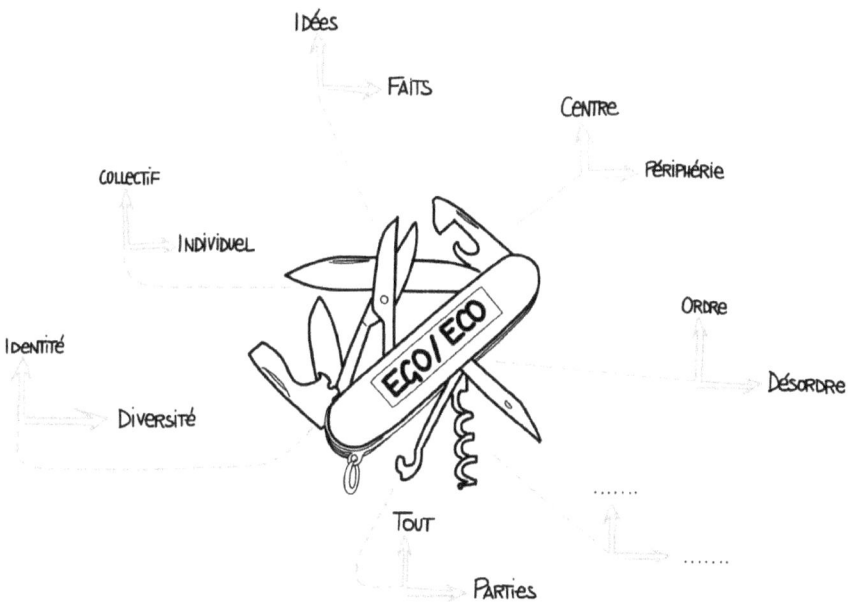

Dans le cas d'une entreprise, nous pourrions par exemple utiliser la déclinaison suivante (fig. 3), établissant une première correspondance parlante avec la performance de l'entreprise.

Figure 3 – Dialectique EGO/ECO et performance de l'entreprise

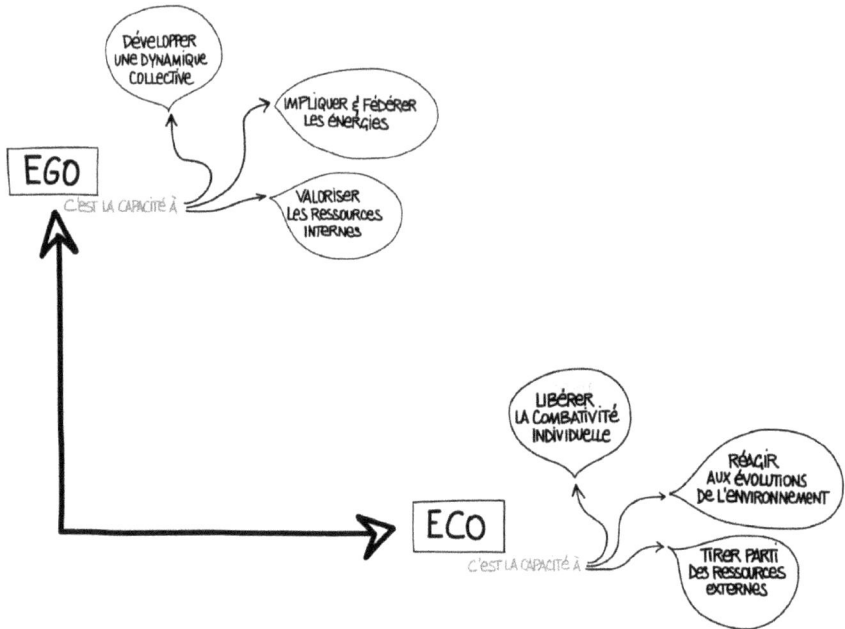

Les quatre modes d'organisation

En déplaçant le curseur sur les deux axes du diagramme EGO/ECO et suivant que dedans et dehors sont faibles ou forts, on délimite quatre grandes zones correspondant à **quatre modes d'organisation** de l'entreprise (fig. 4).

EGO et ECO faibles caractérisent ce que nous allons appeler l'organisation « **mécaniste** ». Elle correspond, dans la dialectique, à la zone dite de l'*inertie*. Elle est centrée sur le fonctionnement interne, taylorien et bureaucratique. Le dehors est un mal nécessaire considéré comme le prolongement de la mécanique interne. L'engagement y est faible, mais discipliné. On y a « la tête ailleurs ».

EGO fort et ECO faible caractérisent ce que nous allons appeler l'organisation « **tribale** ». Elle correspond, dans la dialectique, à la zone dite de la « fusion ». Elle fait passer le bien-être de la communauté avant la finalité économique. L'engagement y est fort et exclusif. On y est indifférent au dehors. On y a « le nez dans le guidon ».

Figure 4 – Les quatre modes d'organisation et leurs zones

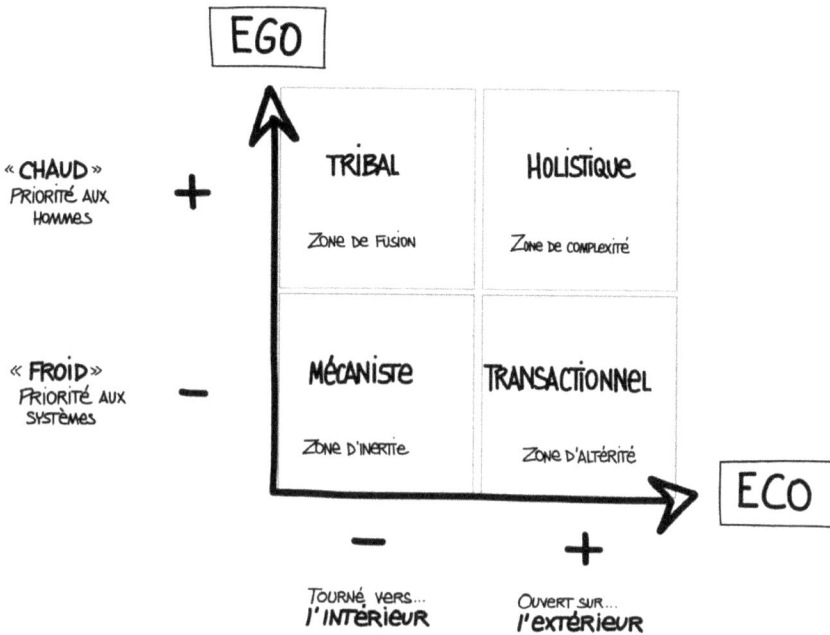

EGO

« CHAUD »
Priorité aux
hommes

+

TRIBAL
Zone de fusion

Holistique
Zone de complexité

« FROID »
Priorité aux
systèmes

−

Mécaniste
Zone d'inertie

Transactionnel
Zone d'altérité

ECO

−   +

Tourné vers...
l'**intérieur**

Ouvert sur...
l'**extérieur**

EGO faible et ECO fort caractérisent ce que nous allons appeler l'organisation « **transactionnelle** ». Elle correspond à la zone de la dialectique dite de l'*altérité*. Tous y réagissent fortement aux évolutions et stimulations du dehors. Mais ils ont tendance à faire passer leurs intérêts personnels avant ceux de l'entreprise. Professionnalisme et recherche de compétitivité y sont développés. On y a « un pied dedans et un pied dehors ».

EGO et ECO forts caractérisent ce que nous allons appeler l'organisation « **holistique** ». Elle correspond, dans la dialectique, à la zone dite de la *complexité*. Ce mode allie engagement fort et ouverture sur l'extérieur. Il poursuit une double finalité : économique et de développement des hommes. Il n'est pas la superposition ou la cohabitation – impossibles tant les deux sont antinomiques – d'un mode tribal et d'un mode transactionnel. C'est un quatrième mode d'organisation à part entière dont nous allons, tout au long de ce livre, nous attacher à cerner les spécificités.

On notera, sur ce diagramme, la ligne horizontale séparant, sur l'axe de l'EGO, les deux modes du haut, tribal et holistique, donnant la priorité aux hommes sur les systèmes, et les deux modes du bas, mécanique et transactionnel, donnant à l'inverse la priorité aux systèmes sur les hommes.

Une terminologie par défaut

Le vocabulaire français du management n'est pas très codifié. En tout cas moins que son homologue anglo-américain. Il a aussi la particularité que certains des termes employés ont une connotation politique. Il pullule donc de « mots valises » qu'il faut ouvrir pour savoir ce qu'il y a dedans. Ce que nous allons nous astreindre à faire toutes les fois qu'il est nécessaire de préciser le sens que nous voulons leur donner.

À commencer par le terme d'« organisation ». En français, l'organisation a souvent le sens restrictif et passif de structure ou d'organigramme. Nous lui donnons ici le sens le plus complet, c'est-à-dire recouvrant tous les éléments concourant au fonctionnement, qu'ils soient tangibles comme les structures, les processus, les systèmes d'information, etc., ou intangibles comme les valeurs, la culture, les comportements, les pratiques de management, etc. Nous verrons plus loin qu'une des originalités de notre modèle est de pouvoir traiter tous ces éléments conjointement.

Qu'en est-il des qualificatifs des quatre modes d'organisation identifiés ? Les deux premiers, mécaniste et tribal, sont parlants et correspondent assez bien à la réalité qu'ils recouvrent. Il n'en va pas de même pour les deux autres, transactionnel et holistique, qui présentent un double inconvénient : ils sont, d'une part, plus vagues et moins familiers que les deux premiers et, de l'autre, réducteurs car ne faisant référence qu'à une seule des caractéristiques du fonctionnement qu'ils sont censés représenter.

Avant d'hériter de leur nom actuel, ils en ont d'ailleurs eu plusieurs autres : l'organisation transactionnelle s'est appelée successivement *réactive*, puis *marketing*, puis *mercenaire*, puis *individualiste*. Et l'organisation holistique s'est d'abord appelée *holomorphe* (en référence à sa propriété singulière, sur laquelle nous reviendrons plus loin, que « le tout est dans la partie »), puis *complexe*, puis, petit sacrifice à la mode, *durable*, puis *auto-organisa-*

tion. Nous avons renoncé à utiliser ce dernier, même s'il est plus explicite, car il évoque une notion chargée plutôt négativement en France, l'*autogestion.*

C'est dire que les mots choisis le sont un peu par défaut et par convention.

Zoom sur l'organisation holistique

Des quatre modes mis en évidence par notre grille de lecture, celui de l'organisation holistique est sûrement le moins familier et le moins facile à appréhender.

Nous verrons, dans la deuxième partie du livre, comment, très concrètement, il apparaît dans l'entreprise, ou du moins dans certaines d'entre elles.

Pour mieux en saisir la singularité théorique, nous allons faire un petit détour par les sciences.

Car, en passant des trois autres modes à celui de l'organisation holistique, on entre dans la zone de la complexité, celle ou la tension EGO/ECO est la plus forte et où la dialectique de l'Un et du Multiple joue à plein. Ce faisant, on quitte la pensée rationnelle pour la pensée complexe. Un saut de paradigme largement éclairé depuis quelques dizaines d'années déjà par nombre de scientifiques et de philosophes, et en particulier par Edgar Morin[1], sociologue, anthropologue et philosophe, et que nous avons essayé de résumer dans le tableau ci-après (fig. 5).

L'organisation holistique se comporte comme un système complexe ouvert, dont la propriété est de créer lui-même sa propre finalité et ses propres principes de fonctionnement en dehors de toute intervention extérieure. À partir de ses constituants et des interactions entre ceux-ci émerge spontanément un ordre global comportant inévitablement une part d'imprévisibilité.

Il s'adapte aux conditions changeantes de son environnement dans lequel il puise énergie et information. Il a la capacité d'évoluer par lui-même, selon des modalités impossibles à décrire à partir de ses composants.

---

1. Edgar Morin, *La Méthode,* ouvrage en 6 volumes, Seuil, 1977-2004.

Figure 5 – De la pensée rationnelle à la pensée complexe

Pensée Rationnelle ⟹		Pensée complexe
ÉLÉMENT IRRÉDUCTIBLE	LA PARTIE ... que l'on aborde une à une : segmentation, linéarité	LE TOUT ... que l'on aborde globalement, instantanément, en focalisant sur les relations
LE TOUT	Le tout = la somme des parties	Le tout est supérieur à la somme des parties Le tout est omniprésent dans les parties (holomorphisme)
LA NATURE	L'ORDRE Le désordre est l'anomalie	LE DÉSORDRE L'ordre est l'anomalie (forme précaire, artificielle)
LA SCIENCE	LE POURQUOI ? Le chaos est l'inexpliqué provisoire « toutes choses étant égales par ailleurs » (Descartes)	LE POURQUOI PAS ? L'expliqué n'est que provisoire « On n'est sûr que de ce qui ne marche pas » (Popper) Prise en compte de l'interaction sujet-objet
RAISONNEMENT	PAR L'EXCLUSION	DIALECTIQUE Cohabitation et dépassement des contraires Tolérance à l'ambiguïté

Son illustration par excellence est l'apparition de la vie : le vivant, bien que né uniquement de composants inertes, dispose de propriétés ne pouvant être déduites de ses composants et qui pourtant les transcendent.

Notons au passage que cette propriété d'auto-organisation s'oppose au deuxième principe de la thermodynamique ou loi de l'entropie, qui veut que tout système physique abandonné à lui-même soit condamné à tendre vers la désorganisation.

Si, comme on va le voir, cette notion d'auto-organisation, dont le côté émergent et imprévisible n'est pas pour rassurer nombre de nos dirigeants et managers obsédés de contrôle, est encore loin d'avoir envahi nos entreprises, elle est aujourd'hui familière aux chercheurs de nombreuses disciplines : biologistes, chimistes, physiciens, sociologues, etc. Avec une mention spéciale pour ceux qui, à l'instar d'Henri Atlan[1], médecin, biologiste et philosophe, un des pionniers des théories de la complexité et de l'auto-organisation, s'intéressent au vivant.

---

1. Henri Atlan, *Le Vivant post-génomique ou qu'est-ce que l'auto-organisation ?*, Odile Jacob, 2011.

Le lecteur désireux de mieux s'imprégner du concept trouvera en annexe 2 une série d'exemples d'auto-organisation empruntés aux sciences. Une promenade qui l'amènera à s'intéresser, pêle-mêle, à un légume comme le chou-fleur, à une forme virtuelle comme l'hologramme, à un organe comme le cerveau humain, ainsi qu'à des sociétés animalières grégaires comme les fourmis de feu, les termites d'Afrique et les étourneaux.

Une esthétique de l'auto-organisation ?

L'observation des phénomènes régis par le principe d'auto-organisation révèle une indéniable dimension esthétique : celle des termitières-cathédrales des savanes africaines, celle des fractales et des hologrammes qui ont d'ailleurs donné naissance à de véritables courants artistiques, sans oublier celle du modeste chou-fleur porteur des mystères de la géométrie, aussi agréable à regarder qu'à consommer, ni surtout celle des danses aux chorégraphies majestueuses des étourneaux.

On pourrait d'ailleurs multiplier les exemples tant le concept d'auto-organisation est aujourd'hui associé à de nombreux phénomènes comme la propagation des rumeurs, la panique collective, les intentions de vote, les applaudissements, les krachs boursiers, les perturbations climatiques, etc.

Pour les comprendre, Henri Atlan suggère de « concevoir de nouveaux modèles d'organisation capables de se modifier eux-mêmes et de créer des significations imprévues et surprenantes même pour le concepteur. Il faut pour cela utiliser deux ingrédients habituellement négligés dans les modèles d'organisation classiques :

- d'une part, une certaine quantité d'indétermination, de hasard dans l'évolution du modèle qui permet à du nouveau, non déterminé par le programme, de se produire ;

- d'autre part, la prise en compte du rôle de l'environnement dans la perception de la signification de l'information, grâce à quoi le nouveau, l'inattendu peuvent acquérir une signification et ne soient pas que du chaos et des perturbations aléatoires ».

En nous inspirant de cette petite exploration « scientifique » de ce qu'est l'organisation holistique, nous nous sommes essayés, à la lumière de ce qui précède, à une première définition de ce qui, sur le plan des principes et des propriétés, pourrait caractériser cette notion dans l'entreprise.

Organisation holistique : essai de définition

Mode de fonctionnement dans lequel on fait **confiance** aux individus et aux équipes pour traiter **collectivement** la complexité interne et externe. Il faut pour cela que l'organisation leur donne l'**autonomie** nécessaire (avec sa contrepartie de **responsabilité**) et la capacité de prendre des **initiatives** et de **coopérer** avec les autres.

Et cette organisation est conçue suivant des principes de **redondance** des fonctions, de **polyvalence**, d'**holomorphisme**, de **subsidiarité**, de **polycentrisme** et d'**(hyper)connectivité**.

Les quatre modes d'organisation au banc d'essai

Passons à l'approche analytique. Comparons les quatre modes d'organisation de manière plus fine et plus systématique, en utilisant un petit référentiel d'une quarantaine de rubriques appartenant à des domaines classiques du management, comme :

- finalités ;
- organisation formelle ;
- culture ;
- leadership ;
- collaborateurs ;
- savoirs ;
- changement.

Chacun de ces domaines fait l'objet d'un tableau récapitulatif accompagné de commentaires sur quelques points de différenciation remarquables.

En les parcourant et en zoomant sur les sujets qui lui parlent, le lecteur pourra compléter et affiner sa compréhension de la grille de lecture. Et il en profitera certainement pour s'interroger, au passage, sur la nature de l'organisation dans laquelle lui-même vit...

Cette revue confirmera aussi que les quatre modes d'organisation définissent des univers très différents. Ce qui devrait inciter à la prudence en matière de « bonnes pratiques ». Nombre d'entre elles, en effet, sont loin d'être aussi universelles qu'on pourrait le penser. Avant de vouloir en installer, mieux vaut donc vérifier leur compatibilité avec les modes de fonctionnement dominants. Et, dans le cas où l'on choisit de les introduire à dessein pour, justement, contribuer à faire évoluer le mode de fonctionnement en place, être attentif à la manière dont elles vont pouvoir s'intégrer.

Finalités, de la survie à la vision d'avenir

Caractéristiques	Organisation tribale	Organisation mécaniste	Organisation transactionnelle	Organisation holistique
Dessein	– « Être heureux ensemble » – Vocation, destin	– « Continuer comme ça » – Plans, programmes	– « Tirer parti des opportunités pour développer le business » – Missions, contrats, affaires	– « Développer le business et les hommes, pour construire un futur commun » – Vision, challenge, aventure, défi
Objectifs	– Objectif collectif fort – Pas d'objectifs individuels (ils sont intégrés dans l'objectif collectif)	– Pas d'objectif collectif explicite – Objectifs individuels liés aux tâches à accomplir	– Pas d'objectif collectif ou alors purement économique – Objectifs individuels forts pas toujours affichés	– Objectif collectif explicite et affiché – Objectifs individuels explicites et affichés
Facteurs de cohésion	– Le chef charismatique – La culture commune	– La structure formelle, organisationnelle et juridique – La réglementation, les normes	– La stratégie – Les processus et les systèmes – Les profits liés	– La vision partagée du futur à construire – La densité des réseaux d'interconnexion et de coopération
Relations extérieures	– Par affinités personnelles, exclusives	– Relations nécessaires prolongeant la mécanique interne	– Relations de circonstance, recherchées par démarchage et nouées au coup par coup	– Relations avec des alliés, construites dans une perspective stratégique, durables mais non exclusives
Le client vu comme…	… un adepte de la tribu	… une extension de la mécanique interne (usager, abonné, …)	… une source de profit (à court terme)	… un partenaire (optimisation des intérêts communs)
Outsourcing	– Sous-traitance	– Pas d'outsourcing	– Outsourcing développé au maximum	– Outsourcing sélectif (partenaires)

D'un mode d'organisation à l'autre existent des différences de fond sur la manière dont l'entreprise conçoit son dessein, ses objectifs et la manière de s'insérer dans son environnement. Et ces différences vont conditionner la réflexion et le pilotage stratégique.

Elles vont bien sûr influer sur le « processus stratégique », c'est-à-dire la manière de bâtir les stratégies, de les formuler, d'en décider et de les déployer, mais aussi sur la nature même de ces stratégies. Car, d'un mode à l'autre, on ne va pas avoir la même lecture de l'environnement, ni le même degré de prise en compte des données internes.

Dans les organisations tribales et mécanistes, le dessein de l'entreprise est généralement implicite, sans véritable réflexion stratégique. Dans la tribu, dont le mot d'ordre pourrait être, comme disent les Anglo-Saxons, « *more of the same* », on est plus dans la survie que dans la conquête. Et dans l'organisation mécanique, on est dans un univers de planification continuant et extrapolant le passé.

Dans l'organisation transactionnelle, on est, au contraire, tiré par la stratégie : le dessein est toujours explicite et prend la forme d'objectifs de performance économique (parts de marché, croissance, résultats financiers, etc.).

Ce qui est le cas aussi dans l'organisation holistique, sauf qu'ici la performance économique ne se suffit pas à elle-même, mais est au service d'une raison d'être et d'un projet incluant la dimension du développement de la communauté de l'entreprise.

C'est pourquoi l'entreprise holistique, ou qui ambitionne de s'en rapprocher, a besoin de se construire **une vision d'avenir**. Cette vision ne se substitue pas au travail sur les stratégies. Elle se situe en amont et dans une perspective à plus long terme. Les stratégies en sont la déclinaison contingente.

On observe que cette pratique de la vision, qui n'a pourtant de sens que dans l'organisation holistique, tend aujourd'hui à se développer, y compris dans des organisations qui ne s'y prêtent pas vraiment. S'agit-il d'un exercice à la mode, purement formel et à des fins de communication, ou faut-il la voir comme l'amorce d'un mouvement réel vers plus d'organisation holistique ?

Organisation formelle, des tâcherons aux missionnaires

Caractéristiques	Organisation tribale	Organisation mécaniste	Organisation transaction-nelle	Organisation holistique
Sens du mot « organiser »	– Définir les relations entre les personnes	– Mettre de l'ordre	– Structurer les ressources pour croître et générer du profit	– Créer les conditions pour le développement du business et des hommes – « Créer la vie »
Organisation formelle	– Embryon-naire, rustique et floue – … pour un petit groupe d'hommes fermé	– Verticale, hiérar-chique, détaillée – … pour un grand nombre d'hommes « simples »	– Sophistiquée, multidimension-nelle, verticale et horizontale – … pour un grand nombre d'hommes « édu-qués »	– Simple et minimale – … pour des hommes « complexes »
Structure	– En étoile autour du chef – Orientée relations et territoires	– Pyramide hiérar-chique	– Sophistiquée et multidimension-nelle – Matricielle – Orientée expertise	– Minimale et décloisonnée – Réseaux d'uni-tés d'apparte-nance – Orientée enjeux et contributions
Définition des rôles	– Pas de défi-nition précise	– Par les tâches à accomplir (rouage de la mécanique)	– Par les fonctions à assurer (et les KPI associés)	– Par le porte-feuille des mis-sions confiées (et les contributions attendues)
Unités d'organisation et unités sociales	– Unité d'organisation et unité sociale uniques et confondues	– Unités sociales non prises en compte dans l'organisation	– Unités d'organi-sation conçues en fonction des besoins techniques, souvent transverses et virtuelles	– Unités d'organisation basées sur les communautés de travail locales naturelles

Caractéristiques	Organisation tribale	Organisation mécaniste	Organisation transaction-nelle	Organisation holistique
Unités d'organisation et unités sociales	– Unité d'apparte-nance globale		– Unités d'appartenance professionnelles disjointes et ouvertes sur l'extérieur	– Unités d'appartenance locales et emboîtées – Multi-apparte-nance
Processus et systèmes	– Organisation peu processée Formalisation réduite au minimum nécessaire – Pas ou peu de réseaux internes	– Organisation processée « ver-ticalement », sur base de systèmes « maison » – Architectures informatiques centralisées, servies par des spécialistes	– Organisa-tion processée « verticalement » et « horizon-talement », privilégiant les produits logiciels du marché – Réseaux internes développés mais spécialisés	– Approches différenciées des processus – Réseaux internes très développés et d'accès large

Un constat de première grandeur est ici que le sens même du verbe « orga-niser » diffère d'un mode de fonctionnement à l'autre. Ce qui induit des dif-férences de fond dans la manière de concevoir les organisations formelles.

Une de ces différences est la manière de définir les rôles, en particulier ceux des managers. Dans l'organisation mécaniste, on a tendance à passer par des descriptions de poste listant de manière détaillée et exhaustive les tâches à accomplir, et précisant les articulations avec les autres postes. Dans l'organisation transactionnelle, on passe généralement aussi par une description de fonction, mais celle-ci est plus difficile à formaliser, en raison du contexte matriciel, générateur d'ambiguïtés, dans lequel on évolue. Dans l'organisation holistique, on évite de figer les rôles dans des mono-poles fonctionnels générateurs de rigidités. On préfère attribuer à chacun un portefeuille de missions pouvant relever de domaines différents et de définir celles-ci par les enjeux et les contributions attendues. À charge pour chacun d'en préciser le contenu en relation avec ses partenaires et non par un contenu exhaustif et précis. Et ce portefeuille est régulièrement redéfini pour coller aux besoins de l'entreprise et aux aspirations des managers. Ce que résume à sa manière Michel Serres quand il dit : « Donnez des tâches à des gens, vous en ferez des tâcherons, donnez-leur des fonctions et vous en ferez des fonctionnaires, donnez-leur des missions et vous en ferez des missionnaires. »

Une autre différence, à laquelle on n'attache pas toujours l'importance qu'elle mériterait, réside dans la manière dont on prend en compte les unités sociales. Dans le mode transactionnel, on a pris l'habitude, dans le sillage des applications informatiques, de concevoir les organisations pour servir les processus, lesquels sont le plus souvent transverses aux structures. D'où la pratique de mettre en place des organisations « virtuelles » rassemblant, au long des processus, des personnes appartenant à des unités différentes et souvent éloignées les unes des autres par la distance et par la culture. De telles organisations ont du sens sur le papier, mais elles ont le défaut de ne pas respecter les communautés « naturelles » de l'entreprise, lesquelles sont avant tout, qu'on le veuille ou non, physiques et locales. On comprend l'intérêt théorique de ce type d'organisations, mais le problème est que l'on a du mal à s'y impliquer et à générer de la performance collective. Même en appelant à la rescousse les réseaux sociaux. Comme le dit Régis Debray[1], dans un de ces raccourcis dont il a le secret, « il y a loin du connectif au collectif ! ». Dans l'organisation heuristique, on va, au contraire, s'efforcer de faire coïncider, partout où c'est possible, unités organisationnelles et unités sociales dans ce que Jean-Christian Fauvet appelait des « niches d'appartenance », car, disait-il, « on ne peut véritablement s'impliquer que dans ce que l'on connaît et ce que l'on comprend ». Ce n'est que dans ces niches qu'il est possible de bâtir des projets locaux ayant du sens et s'inscrivant dans la vision d'ensemble.

Culture, la subir ou la maîtriser

Caractéristiques	Organisation tribale	Organisation mécaniste	Organisation transactionnelle	Organisation holistique
Place de la culture	– Une seule culture forte et homogène – Magnifiée et respectée	– Culture ignorée	– Assemblage hétérogène de plusieurs cultures – Minimisée (perçue comme une contrainte)	– Un petit nombre de valeurs fortes partagées – Culture = enjeu de management

---

1. Régis Debray, *Éloge des frontières*, Gallimard, 2010.

Caractéristiques	Organisation tribale	Organisation mécaniste	Organisation transactionnelle	Organisation holistique
Valeurs privilégiées	– Dévotion, cohésion, paix sociale, loyauté, esprit de corps	– Ordre, continuité, discipline, équité, sécurité	– Efficacité, vitesse, compétition, professionnalisme, mérite individuel, risque, exploit	– Autonomie, initiative, apprentissage, coopération, potentiel
Rapport au temps	– Présent dans la fidélité au passé (et parfois l'anticipation d'un futur utopique). Continuité – Rythme lent – « Épouser le temps »	– Présents successifs sans passé ni futur. Répétition – Rythme lent – « Gérer le présent »	– Présents multiples et changeants. Temps relatif – Rythme rapide – « Jouer avec le temps »	– Présents créés en perspective d'un futur – Rythmes lent et rapide imbriqués – « Faire le temps »
Attitude/Qualité	– L'art pour l'art (risque de surqualité) – Intégrité professionnelle	– Standards internes – Contrôle qualité	– Standards professionnels – Qualité clients	– La préoccupation de la qualité est intégrée dans tous les comportements à tous les niveaux
Attitude/Travail	– « Qu'est-ce que je dois faire pour être des vôtres ? » – Le nez dans le guidon	– « Comment ça fonctionne ? Quel est l'élément de la mécanique dont je dois m'occuper ? » – La tête ailleurs	– « Qu'est-ce que cela me rapporte ? Qu'est-ce qui est bon pour mon revenu et ma carrière ? » – Un pied dedans et un pied dehors	– « Qu'est-ce que j'apporte et qu'est-ce que vous m'apportez ? Qu'est-ce que nous pouvons faire ensemble ? »
Qu'est-ce qu'un problème ?	– Le non respect des lois sociales et des rituels	– Le non-respect des standards	– Un décalage (retard) entre les évolutions externes et internes	– Une déviation par rapport au futur désiré
Quel syndicalisme ?	– De connivence	– De récrimination	– Catégoriel	– De cogestion

Il en va de la culture comme de l'organisation : la place qui lui est réservée n'est absolument pas la même d'un mode à l'autre. Avant de vouloir se mêler de culture, mieux vaut donc savoir où l'on met les pieds.

En réalité, le seul mode dans lequel il est naturel et légitime de vouloir agir sur la culture est le mode holistique. Dans ce mode, la culture fait partie du champ du management et constitue un levier de changement comme un autre. Et encore, à condition de ne pas avoir l'ambition démesurée de vouloir « changer *la* culture », mais de s'atteler, plus modestement, à agir sur elle, progressivement, à travers un petit nombre de valeurs clés ou de comportements ciblés.

Ajoutons, à propos des valeurs, que certaines d'entre elles, en apparence universelles, sont en réalité intimement liées au mode d'organisation. On ne peut donc pas promouvoir n'importe quelle valeur n'importe où. Difficile, par exemple, d'en appeler à la coopération dans un fonctionnement transactionnel marqué par la compétition.

On comprend mieux aussi la difficulté, voire la quasi-impossibilité, de changer la culture d'une tribu. Pour ce faire, il faudrait, pour être légitime, commencer par respecter la culture que l'on veut faire évoluer. Un paradoxe que seul le chef de tribu *intuitu personae* est en mesure de dénouer.

Leadership, du gourou au développeur

Caractéristiques	Organisation tribale	Organisation mécaniste	Organisation transactionnelle	Organisation holistique
Profil du chef	– Chef charismatique (guide, gourou, maître)	– Chef statutaire (contrôleur, commissaire, régisseur)	– Manager compétent et stratège (médiateur, négociateur, régulateur)	– Leader « modeste » (fédérateur, développeur, coach)
Style de management	– « Je suscite un idéal et je fédère les énergies » – Animation	– « J'impose et je fais moi-même » – Imposition	– « Je compose avec les initiatives individuelles » – Négociation	– « Je fais en sorte que les choses se fassent par elles-mêmes » – Concertation
Risque	– De se complaire	– De tout faire	– De laisser aller	– De s'exclure

Caractéristiques	Organisation tribale	Organisation mécaniste	Organisation transactionnelle	Organisation holistique
Décision	– Décision par consensus (ou pseudo-consensus) – Personnali-sation	– Décision unilatérale – Centralisation	– Décision négociée – Délégation	– Décision concertée – Subsidiarité
Succession du dirigeant	– Le plus souvent de l'extérieur car la tribu ne produit pas naturelle-ment la relève – Difficile	– Le plus souvent de l'intérieur sui-vant les statuts et usages en vigueur – Facile, mais aléatoire	– Le plus souvent de l'extérieur – Facile mais risquée	– De l'intérieur, car ce mode est propice à la détection des talents – Délicate, car la marche peut être haute

Dans ce tableau, nous avons choisi de donner un contenu aux cases de la colonne de l'organisation holistique. Ce qui est discutable, car, en toute logique, dans ce mode, il n'y a pas de chef. Ou plutôt, parce que là aussi on n'échappe pas au principe d'holomorphisme, « tout le monde est chef ».

Redoutant l'effet d'un tel vide, surtout au pays du culte de l'homme pro-videntiel, nous nous sommes placés, en anticipant sur ce que nous ver-rons dans la troisième partie du livre, non pas dans la situation limite d'une organisation holistique « pure » jamais atteinte, mais dans une situation de **dynamique vers** l'organisation holistique. Une situation dans laquelle l'action du leader reste évidemment essentielle, même si, comme l'éduca-teur, celui-ci a effectivement vocation à disparaître.

Lorsqu'on parle d'un leader, on évoque volontiers son charisme... ou son manque de charisme. Le charisme (du grec *kharisma*, la grâce) est une qua-lité personnelle, plutôt rare, qui, dit-on, se voit ou se sent dès que quelqu'un entre dans la pièce. C'est une capacité hors du commun à attirer, entraîner, rayonner, qui est effectivement très utile à un leader. Mais on a souvent tendance à la confondre avec d'autres talents, non moins utiles, comme l'habileté à communiquer et à jouer des médias (qui s'apprend), le style de management (qui se travaille) ou encore la sensibilité aux aspects humains, sociaux, relationnels (qui est un trait de la personnalité). On peut donc trouver des leaders charismatiques dans les quatre modes de fonctionnement. Mais le seul pour lequel cette qualité est réellement primordiale est le chef de tribu.

Collaborateurs, des efforts aux contributions

Caractéristiques	Organisation tribale	Organisation mécaniste	Organisation transactionnelle	Organisation holistique
Les collaborateurs sont considérés comme...	... des compagnons d'armes ... des militants	... des assujettis ... des agents	... des contractants ... des mercenaires	... des associés ... des citoyens
Aspirations des collaborateurs	– « Offrir » par goût : - de l'appartenance sociale - de la convivialité - du partage des valeurs - du plaisir professionnel - du consensus - du dévouement	– « Recevoir » : - un emploi - un statut - des conditions de travail - de la sécurité - du salaire - une retraite	– « Échanger et calculer » : - du salaire - du bonus - de la compétence - du pouvoir	– « M'accomplir » à travers : - l'autonomie - la responsabilité - le développement - le challenge
Critères d'évaluation	– Les efforts – La conformité aux lois de la tribu – L'implication	– Le statut – La conformité aux normes – L'ancienneté	– Les résultats – La valeur de marché – L'acceptation du risque	– La contribution individuelle et collective à la performance de l'entreprise et au développement des hommes
Composants de la rétribution	– Les symboles – La proximité avec le chef – L'argent	– Le statut – L'argent	– L'argent – L'accroissement de la valeur de marché	– Les opportunités de développement personnel – L'argent

Caractéristiques	Organisation tribale	Organisation mécaniste	Organisation transactionnelle	Organisation holistique
Objectifs de la formation	– Répondre aux souhaits des collaborateurs – Faciliter l'intégration culturelle – Maintenir la « paix sociale »	– Se conformer à la loi – Adapter les gens à leurs tâches – Acquérir les savoir-faire nécessaires	– Renforcer la compétitivité de l'entreprise – Développer l'excellence professionnelle – Acquérir de nouveaux savoir-faire	– Contribuer aux enjeux de performance de l'entreprise et au développement des personnes – Développer l'autonomie, apprendre à apprendre – Promouvoir les valeurs

Au fil du temps, les entreprises sélectionnent, consciemment ou non, les collaborateurs correspondant à leurs modes d'organisation dominants. Un processus qui, dans le mode transactionnel où le turn-over du personnel est le plus naturellement élevé, peut même être particulièrement rapide. Alors qu'à l'inverse, un monde tribal n'évolue que très lentement tant les processus d'intégration et d'initiation, à base de cooptation, préservent tout aussi naturellement les caractéristiques de sa population.

Un des freins à l'évolution vers un fonctionnement plus holistique est la réticence de certains à assumer la prise de responsabilité que celui-ci implique. Comme l'observe Tomi Ungerer[1] : « On parle rarement de la liberté de celui qui obéit aveuglément : cette liberté due à l'absence de responsabilité... »

On aura noté au passage, en matière de critères d'évaluation, l'opposition classique entre **efforts et résultats** : dans l'organisation tribale on valorise et on rétribue les efforts, même si les résultats ne sont pas toujours au rendez-vous, alors que dans l'organisation transactionnelle on valorise et rétribue les résultats, sans trop se préoccuper de la manière dont ils ont été obtenus. Et l'inverse a peu de chances de marcher parce qu'il est jugé illégitime. Seule l'organisation holistique crée le contexte qui permet de demander des comptes tant sur les résultats obtenus, individuellement, mais aussi collectivement, en relation avec la performance de l'entreprise, que sur la manière de travailler. Mais avec des dispositifs de mesure équitables qui restent à inventer.

---

1. Tomi Ungerer, *Vracs*, Le Cherche Midi éditeur, 2000.

En ce qui concerne la rétribution, on voit que l'argent figure partout. Mais il n'est premier que dans le mode transactionnel. Et même dans ce mode, il ne s'impose pas toujours, comme le démontre Daniel Pink[1], comme l'*incentive* le plus efficace. Il peut même s'avérer contre-productif quand il s'agit de rémunérer des tâches impliquant de la créativité.

Yves Bossard, fondateur du groupe de conseil éponyme, avait à ce propos coutume de dire, quand nous n'étions encore qu'une grosse tribu : « Les consultants, il faut les payer suivant la règle des trois tiers : un tiers en salaire, un tiers en reconnaissance et un tiers en espoir. » On était bien loin alors des standards mercenaires de la profession !

Savoir, du « téléphone arabe » aux réseaux

Caractéristiques	Organisation tribale	Organisation mécaniste	Organisation transactionnelle	Organisation holistique
Relations	– Des relations de travail se confondant avec les relations personnelles	– Des relations de travail contraintes et organisées (coordination)	– Des relations professionnelles intéressées et opportunistes à l'intérieur et à l'extérieur	– Des relations de travail et personnelles spontanées et de confiance (coopération)
Acquisition, partage et transmission du savoir	– Difficile (lenteur, tradition orale, savoirs implicites…) – Pouvoir aux « anciens »	– Difficile (utilitarisme, cloisonnements…) – Pouvoir à la hiérarchie	– Limitée (mercenariat, monopoles…) – Pouvoir aux experts	– Facilitée (encouragée, récompensée, à tous les niveaux) – « Tous experts »

1. Daniel H. Pink, *Drive: The Surprising Truth About What Motivates Us*, Penguin Books, 2012. Daniel Pink est conseiller en carrières. Ancien collaborateur d'Al Gore, il est aujourd'hui le chantre américain de ce qu'il appelle une « *right brain revolution in the career market place* ». Il fait le constat que l'entreprise est aujourd'hui très en retard sur les découvertes des scientifiques en matière de motivation. Et qu'elles devraient songer à enfin remplacer les traditionnelles méthodes de la carotte et du bâton par d'autres, bien plus efficaces, correspondant à son triptyque gagnant « *Autonomy, Mastery and Purpose* ». C'est-à-dire créer un contexte qui n'est autre que celui de l'organisation holistique, pourvoyeur d'autonomie, de développement personnel et de sens…

Caractéristiques	Organisation tribale	Organisation mécaniste	Organisation transactionnelle	Organisation holistique
Création du savoir et capacité d'innovation	– Faible – Obstacles culturels (fermeture, conservatisme…)	– Faible – Obstacles organisationnels (conformisme, utilitarisme, reproduction…)	– Moyenne (ouverture, réactivité, compétence…) – Obstacles : suivisme, manque de coopérration, précarité	– Forte (différenciation, initiative, communication…) – Obstacles : peu d'obstacles mais manque de puissance
Communication interne	– « Téléphone arabe » – À travers les relations interpersonnelles	– Verticale – À travers les lignes hiérarchiques (communication descendante)	– Spécialisée – À travers les circuits fonctionnels et professionnels	– Directe et multidirectionnelle – À travers les réseaux

À l'ère de l'information, création et partage du savoir sont deux enjeux cruciaux, mais réputés difficiles à traiter de manière satisfaisante.

On pourrait penser, par exemple, que l'organisation transactionnelle, ouverte à l'extérieur, donc à la nouveauté, sensible à la nécessité de la compétitivité et acceptant le risque, est particulièrement propice à l'innovation.

Elle y est effectivement sensible, mais en réalité mal placée pour la produire. Les grandes structures actuelles, pressées et processées, en génèrent, semble-t-il, de moins en moins par elles-mêmes. Y compris nombre de celles, comme Sony ou Microsoft, dont c'était la marque de fabrique, ou de celles qui en vivent, comme les laboratoires pharmaceutiques. Elles compensent en se servant de leur puissance financière pour se procurer cette innovation à l'extérieur, à travers l'achat de brevets et surtout l'acquisition de petites sociétés innovantes.

En réalité, l'organisation transactionnelle, en particulier parce qu'elle est réticente à la coopération, ne crée pas un contexte favorable à la production d'innovations. Et de fait, l'organisation la plus propice, comme on l'a déjà vu plus haut, est l'organisation holistique.

C'est le cas aussi en matière de partage des connaissances et bonnes pratiques.

Changement, de la correction au progrès permanent

Caractéristiques	Organisation tribale	Organisation mécaniste	Organisation transactionnelle	Organisation holistique
Sensibilité aux évolutions de l'environnement	– Faible (auto-centration)	– Faible (indifférence)	– Très forte – Assurée par des organes spécialisés – Surface de contact avec l'extérieur étroite	– Forte – Portée par tous – Surface de contact avec l'extérieur large
Pourquoi changer ?	– Pour être mieux ensemble	– Pour remettre de l'ordre	– Pour s'adapter (aux marchés, aux concurrents, aux clients, aux évolutions techno…)	– Pour libérer l'énergie – Pour mettre en mouvement
Comment changer ?	– Crises – Traitées par le chef de tribu et ses séides – Participation très réduite	– Projets de restructuration – Imposés par la hiérarchie – Participation limitée	– Projets de refonte des processus et systèmes – Initiés et portés par les fonctionnels et experts internes et externes – Participation sélective	– Dynamiques partant du terrain – Impliquant chacun à son niveau – Participation large
Rupture signifie…	– Effondrement, implosion	– Remise à zéro	– Changement de rythme	– Provoquée et maîtrisée
Freins au changement	– Peur du dehors jugé hostile – Refus du déplaisir collectif – Crainte de remise en cause de la culture	– Peur du désordre, de l'instabilité – Réticences à s'engager personnellement et collectivement – Crainte pour son statut	– Peur d'une récupération « politique » – Méfiance des aspects intangibles et de l'irrationnel – Crainte d'un excès d'implication	– Faibles – « Changement permanent »

Caractéristiques	Organisation tribale	Organisation mécaniste	Organisation transactionnelle	Organisation holistique
Viscosité	– Viscosité affective et politique	– Viscosité structurelle et administrative	– Viscosité technique et professionnelle et de pouvoir	– Fluidité

Dans le mode mécaniste, changer consiste à corriger les dysfonctionnements, changer les pièces défectueuses ou remettre les choses en ordre. Dans le mode transactionnel, soucieux de la bonne utilisation de ses ressources, changer, c'est plutôt « aligner » l'organisation sur la stratégie, l'adapter à la mise en place d'un nouveau processus, ou réduire, encore et encore, les coûts. Quitte à enlever aussi le « bon gras », celui qui donne de la souplesse à l'organisation, lui permet de traiter les situations inattendues ou hors standard, permet l'apprentissage et donne une chance à l'innovation. Au nom du fameux et stupide « faire bien du premier coup » !

Dans le mode holistique, on l'aura compris, le changement est, comme pour le reste, l'affaire de tous, chacun à son niveau, dans un contexte de progrès permanent.

Quant à la tribu, par nature conservatrice, elle est plus attentive aux relations entre les personnes qu'à la qualité de l'organisation formelle minimale dont elle a besoin, mais qu'elle considère comme un mal nécessaire. Ce n'est donc que contrainte et forcée qu'elle s'engage dans des changements qui, en général, menacent ses équilibres internes.

Les véhicules de changement utilisés sont eux aussi différents. Entreprises mécanistes et transactionnelles sont de grandes adeptes du projet, initié et piloté d'en haut. Avec, dans le cas du transactionnel, un recours important aux consultants externes traditionnels. Alors que le mode holistique privilégie des démarches initiées sur le terrain et impliquant le plus grand nombre. Et dans lesquelles les consultants ne jouent qu'un rôle de facilitation.

Tous sur le terrain !

Après cette escapade analytique, aux antipodes de l'approche « globale » suggérée par notre grille de lecture, intéressons-nous à une autre forme de représentation des quatre modes d'organisation : les métaphores et les symboles, dont la puissance pédagogique est particulièrement adaptée à notre propos.

Le tableau ci-après (fig. 6) en propose trois pour chaque mode, ceux de l'organisation holistique provenant sans surprise des exemples empruntés à la science évoqués plus haut.

Figure 6 – Symboles et métaphores des quatre modes d'organisation

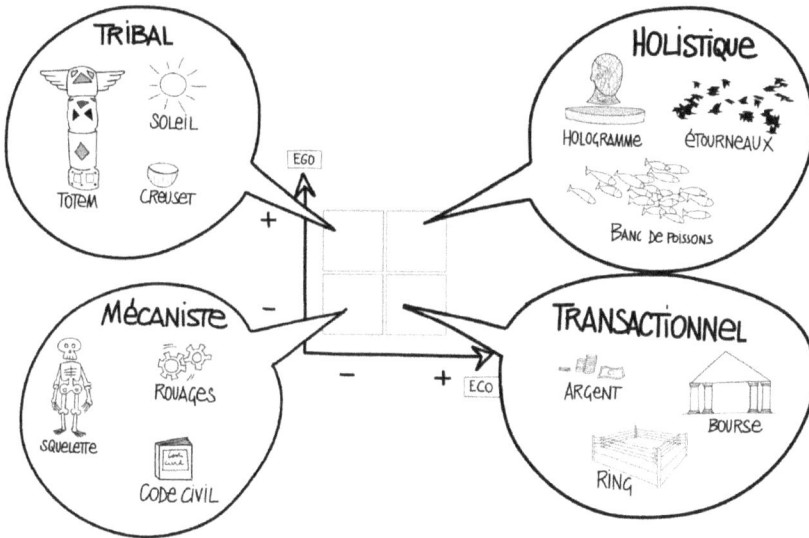

L'équipe de football

Le sport, et particulièrement le sport collectif, a toujours été un grand pourvoyeur de métaphores pour les gourous du management des entreprises, souvent anciens sportifs de haut niveau eux-mêmes. Qui n'a pas entendu parler de la cordée des alpinistes, de la mêlée des rugbymen ou de l'équipage des régatiers ?

La plus connue de ces métaphores est sans doute celle du football. Elle est en effet riche d'enseignements. Non pas en référence au fonctionnement des entreprises que constituent les clubs professionnels modernes, quintessence du sport business, et qui sont rarement des modèles de bonne gestion ou des parangons d'éthique… mais à ce qui se passe sur le terrain une fois le coup d'envoi donné.

Si beaucoup de choses ont changé autour du terrain, le jeu lui-même n'a guère évolué à travers les âges : les joueurs sont toujours au nombre de onze de chaque côté, le ballon est toujours aussi rond et les règles de base en gros les mêmes. Ce sont ces temps forts d'une heure et demie qui continuent à rythmer la vie des clubs, à la cadence (infernale ?) d'une ou deux et parfois trois rencontres par semaine. Le problème est que, une fois le match engagé, tous les détenteurs de pouvoir de l'entreprise, y compris son président et tout son staff souvent pléthorique, sont contraints, le temps de la rencontre et quelle que soit la façon dont celle-ci se déroule, à mettre leur pouvoir entre parenthèses. Il y a bien l'entraîneur qui, sur la touche (et souvent il l'est effectivement), essaie d'influer sur le cours du jeu. Mais à voir la tête qu'il fait en gros plan sur l'écran de télévision, on compatit à sa frustration et à son désespoir de n'avoir aucune chance d'y arriver. Il y a aussi le capitaine censé relayer l'entraîneur. Il est, il est vrai, plus proche de l'action et en mesure de se déplacer sur le terrain. Et il y a probablement aussi une hiérarchie de fait entre joueurs liée aux rôles qu'ils sont censés jouer dans l'équipe, comme de distribuer le jeu en principe dévolu au numéro 10, ou à leur aura personnelle.

Mais il faut se rendre à l'évidence : tout cela est subtil et secondaire par rapport à la seule réalité qui compte : celui qui commande sur le terrain, c'est celui qui a le ballon. C'est lui qui, *in fine,* décide seul du geste qu'il va accomplir. Sans demander de directives ni arrêter la partie pour en discuter… (sauf si, un jour, on aura l'idée, comme dans le cyclisme, de l'équiper d'une oreillette). Son geste va engager toute l'équipe, laquelle va se reconfigurer en conséquence. Et la main, si j'ose dire, passe ainsi d'un joueur à l'autre. On attend de chacun d'eux qu'il intègre à son niveau toutes les données disponibles pour mettre en œuvre, en fonction du contexte interne (la position de ses coéquipiers, leurs appels de balle, etc.) et externe (la position de ses adversaires, ses marges de manœuvre) de manière opportuniste et créative, les stratégies, tactiques et gestes techniques travaillés à l'entraînement.

Nous sommes là en présence d'un bel exemple de fonctionnement holo-morphe visant à ce que chaque joueur porte, à son niveau, le projet de toute l'équipe.

Ne pouvant influer directement sur le cours du jeu, il s'agit pour le mana-gement du club de créer les conditions pour qu'il en soit ainsi. Deux de ces conditions sont essentielles : la polyvalence des joueurs et leur imprégna-tion stratégique et tactique.

Les joueurs ne sont pas interchangeables. Dans le schéma de jeu adopté, chacun d'entre eux est censé tenir un poste précis correspondant le mieux à ses compétences. En ce sens, on peut considérer qu'ils sont spécialisés : avant-centre, ailier droit ou gauche, etc.

Mais lorsque les circonstances du jeu l'exigent chacun doit être en mesure de faire les gestes techniques nécessaires. Un attaquant est amené à défendre, un arrière à tirer au but, un ailier à passer au centre, etc. Il doit, à la limite, être capable de tenir tous les postes de ses coéquipiers, gardien de but compris. En ce sens, les joueurs sont généralistes ou polyvalents. Ce qui leur permet de voir le jeu de différents points de vue et donc de mieux décoder celui de ses adversaires.

Il faut ajouter à cela que nul n'est propriétaire de son poste ni même assuré d'être titularisé pour le prochain match. Et ce, afin de garder la souplesse nécessaire à la constitution de l'équipe et générer de l'émulation.

Tout cela ne simplifie pas la préparation physique et technique, qui doit trouver le bon dosage entre le tronc commun partagé par tous et les approfondissements ciblés proposés.

Un autre volet tout aussi important de la préparation concerne les straté-gies et tactiques de jeu. Avec, d'une part, un fond de jeu permanent et, de l'autre, des adaptations en fonction des équipes rencontrées. Pour prendre ses multiples décisions, le joueur ne dispose que de courts voire très courts temps de réflexion. Il est donc nécessaire qu'il ait parfaitement intégré ces stratégies et tactiques, au point que certains de ses comportements deviennent quasiment réflexes et, paradoxalement, contribuent à libérer sa créativité.

Mentionnons aussi deux autres conditions tout aussi nécessaires, même si, dans le cas présent, elles dépendent d'instances professionnelles extérieures au club : que les règles du jeu soient claires et stables et que la mesure de la performance soit claire et affichée. Deux conditions qui, par ailleurs, sont probablement pour beaucoup dans la popularité du football à travers le monde : les règles du jeu sont non seulement claires, mais aussi simples et accessibles au plus grand nombre et lui permettent de s'impliquer. Et la mesure des résultats combine judicieusement imprévisibilité (sur un match le petit poucet peut dévorer l'ogre) et équité (sur la durée du championnat, c'est la meilleure équipe qui finit par s'imposer).

Le club de football

Jusque-là nous n'avons parlé de football que vu du terrain en le considérant pour ce qu'il est avant tout : un jeu. Un jeu qui, comme nous l'avons vu, est par nature holistique. Qu'en est-il des clubs ? Et notamment des grands clubs européens ? Leur fonctionnement en tant qu'entreprise s'inspire-t-il de ce qui se passe sur le terrain ?

Cela semble être le cas pour deux équipes, le Barça de Barcelone et le Bayern de Munich, dont certaines caractéristiques sont communes : une identité forte, un lien très solide avec leur région (Catalogne et Bavière ont elles-mêmes des identités particulièrement affirmées), une culture club impressionnante, une masse de supporters fidèles en complète osmose avec le club, de nombreux talents (quasiment tous les joueurs pour le Barça), issus du centre de formation, un style de jeu très collectif. Mais aussi un recrutement externe très ciblé pour compléter l'effectif maison (à l'exemple de Lionel Messi recruté très jeune en Argentine et devenu chez eux le meilleur joueur mondial), un esprit de compétition et une science tactique, un merchandising efficace, etc.

Quand notre Franck Ribéry[1] national parle de son club

« Au Bayern, chacun est concerné par la réussite [du club]. Pas seulement les joueurs. Mais aussi le public, les agents de sécurité, les gens qui font à manger, etc. C'est un truc de fou. Énorme. Dans l'équipe, tout le monde ne pense qu'au club. Je crois que celui qui aurait fait la gueule ou qui se serait mis à l'écart aurait pu avoir de gros problèmes. Le Bayern, c'est une famille. La philosophie, c'est de tout faire pour le bien de l'équipe. La clé de notre réussite, c'est ça. Tout le monde est impliqué. Y compris les joueurs sur le banc. Et sur celui du Bayern, il n'y a pas n'importe qui. Les mecs, même quand ils jouent cinq minutes, ils donnent tout ».

Bref, à la fois beaucoup d'EGO et beaucoup d'ECO, la satisfaction tirée de la performance collective venant compenser une moindre reconnaissance de la performance individuelle.

Ce modèle est en compétition avec un autre, beaucoup plus transactionnel voire mercenaire, inauguré par le Real Madrid de l'époque des « Galactiques », constitué de stars recrutées à prix d'or (Zidane, Ronaldo, Figo, Beckham, etc.), avec très peu de joueurs formés au club. Ou encore, plus caricaturalement, le Paris Saint-Germain actuel qui, sous la férule pressée de ses nouveaux propriétaires qataris, a choisi de fonctionner « hors sol », sans recherche d'enracinement local, en comptant sur ses seules, mais inépuisables, ressources financières pour s'imposer et durer. Beaucoup d'ECO, mais beaucoup moins d'EGO.

On ne trouve en revanche plus beaucoup de grands clubs dont le mode d'organisation dominant soit resté tribal. On pourrait citer dans cette catégorie l'Athletic Bilbao qui n'a que des joueurs basques ou à la limite formés dans la région. Une grande cohésion et un fort sentiment d'appartenance. Mais avec des limites fortes parce qu'il est difficile d'avoir une équipe ultra-compétitive sans recrutement externe et de développer son merchandising dans la cible réduite de supporters basques. Bref, beaucoup D'EGO, mais peu d'ECO.

Et en matière d'organisation à dominante mécanique on pourrait, pour compléter le tableau, mentionner l'Inter de Milan de José Mourinho connu pour son autoritarisme et sa capacité à faire appliquer des consignes

---

1. *L'Équipe* du 20 mai 2013.

strictes, très travaillées, à des joueurs aux ordres. Nul doute que, s'il avait été américain, il aurait adoré œuvrer dans le football américain, un jeu dans lequel les combinaisons sont prédéfinies dans le moindre détail, numérotées, déclenchées par le seul capitaine et suivies avec discipline et sans créativité intempestive.

DEUXIÈME PARTIE

Perspective historique

« Mais Monsieur, ce sont les mêmes questions qu'il y a quinze ans !...
Oui, mais ne vous en faites pas, les réponses ont changé... »
Albert Einstein

Jean-Christian Fauvet avait coutume de présenter les quatre modes d'organisation suivant la séquence : mécaniste – transactionnel – tribal – holistique. Nous avons quant à nous tendance à plutôt privilégier l'ordre dans lequel ils sont apparus au cours du temps. Car cette mise en relation chronologique et pragmatique est riche d'enseignements.

Nous allons donc faire ici un peu d'histoire.

Au risque d'être là aussi un peu décalés par rapport à l'air du temps. Car notre époque pressée, prompte à zapper ce qui n'est pas d'un intérêt immédiat et tyrannisée par les modes, a la fâcheuse tendance à ramener ses horizons à elle-même. Elle est de moins en moins sensible au passé (« à quoi bon, puisque aujourd'hui tout est si différent ») et même à l'avenir (« à quoi bon avec un futur aussi incertain »). Comme si le monde dans lequel nous vivons avait commencé avec elle et allait finir avec elle. Oubliant héritage et transmission. Ce qui est d'ailleurs, on le verra, une des caractéristiques du mode dominant transactionnel dans lequel nous baignons. Tout doit aller vite, de plus en plus vite ! Or, tout ne va pas vite, tout ne peut pas aller vite. Et la réalité est souvent rebelle à nos impatiences et à nos accélérations mentales.

De la préhistoire à nos jours

Les âges de l'évolution

Replaçons un instant notre propos dans une perspective plus large d'évolution de nos civilisations. En choisissant pour cela le référentiel proposé par Michel Saloff-Coste[1], et résumé dans le tableau ci-après (fig. 7).

Figure 7 – Les quatre âges de l'évolution de l'humanité

	CHASSE CUEILLETTE	AGRICULTURE ÉLEVAGE	INDUSTRIE COMMERCE	CRÉATION COMMUNICATION
DURÉE	3 000 000 ans	30 000 ans	300 ans	?
POUVOIR	Osmose avec la nature	Possession du territoire	Disponibilité de capital	Maîtrise de l'information
PENSÉE	Intuitive	Analogique	Rationnelle Réductionniste	Complexe Holistique
COMMUNICATION	Orale	Écrite	Audiovisuelle Mass média	Digitale Interactive
ORGANISATION	Mythes Tribu	Monarchie Armée, Église	Démocratie Entreprise	Fédérations ? Réseaux ?

Suivant l'analyse de Saloff-Coste, nous sommes aujourd'hui en route vers le quatrième âge de l'évolution, celui qu'il baptise « Création-Communication ». Dans ce trajet, deux choses devraient nous interpeller :

• le point d'interrogation figurant dans la case « durée » suggérant une rupture dans la série des chiffres. Un peu comme si l'on avait atteint le pôle Nord et que la boussole n'indiquait plus rien ou plutôt indiquait une infinité de directions. Serions-nous à un point de redéploiement vers une nouvelle diversité nous ramenant à la chasse—cueillette, la haute technologie en plus ? Un retour à la diversité et au foisonnement, après la massification artificielle dans laquelle nous a fait passer l'âge industriel ?

---

1. Michel Saloff-Coste, *Le Management du troisième millénaire,* Trédaniel, 1999.

- la difficulté à définir précisément et autrement que par le terme très général de réseaux la (ou les) forme(s) que prendra l'organisation. L'entreprise, qui est pour Saloff-Coste la forme représentative de l'âge de l'« Industrie-Commerce », restera-t-elle la forme dominante ou laissera-t-elle la place à autre chose ?

En essayant de positionner les âges de l'évolution sur le diagramme EGO/ECO (fig. 8), on se rend compte qu'ils correspondent assez bien à nos quatre modes de fonctionnement. Ce qui suggère que ces modes se sont enchaînés historiquement suivant une séquence que nous allons maintenant parcourir.

Figure 8 – Âges de l'évolution et modes d'organisation

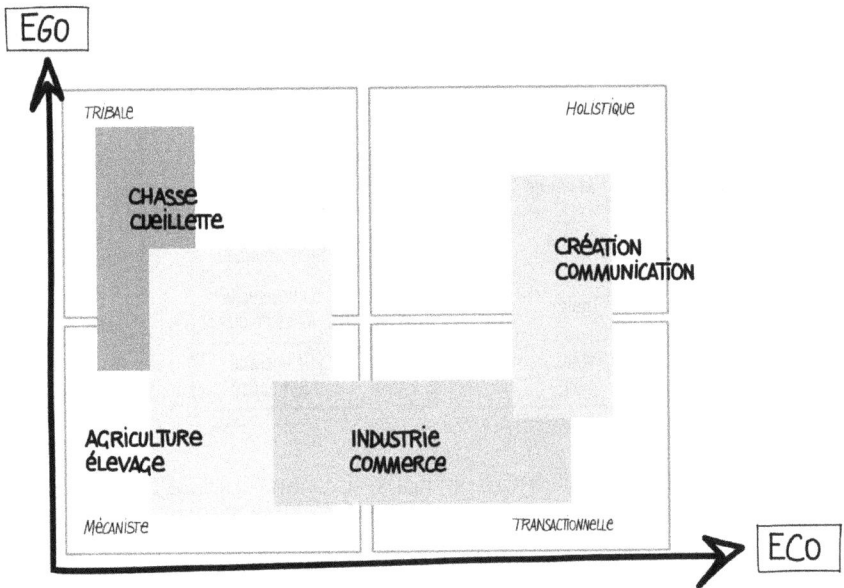

L'organisation tribale

Une majorité de nos penseurs et gourous du management situent l'année zéro de leurs réflexions dans la civilisation grecque, c'est-à-dire à quelques centaines d'années avant J.-C. Ce que nous-mêmes, dans le sillage de Jean-Christian Fauvet, avons d'ailleurs fait au début de notre ouvrage. Certains vont même jusqu'à ne faire démarrer leur période de référence qu'à l'apparition de l'ère industrielle ! C'est méconnaître ce que le fonctionnement des groupes humains, dont l'entreprise, doit à ce qui s'est passé avant, notamment au cours de l'âge de la chasse-cueillette qui s'est achevée avec l'avènement de l'agriculture et l'apparition des premières villes.

Nul doute que cette période a laissé des traces profondes dans la programmation de nos cerveaux. En particulier dans nos façons de nous comporter au sein des groupes humains auxquels nous appartenons.

Une programmation dont on trouvera deux exemples dans l'encadré ci-dessous sur la « paléo-organisation »

Paléo-organisation

Au début des années 1970, l'Anglais Anthony Jay publie son fameux *Corporation Man*[1] dans lequel il cherche à décoder ce qui, dans nos entreprises modernes, relève des modes d'organisation développés par nos ancêtres de l'ère de la chasse-cueillette.

Il y relève d'abord l'omniprésence du « groupe de 10 », une petite structure héritée de celles des bandes de chasseurs de l'époque dont il estime l'effectif moyen à partir des données archéologiques disponibles, et que l'on retrouve non seulement dans l'entreprise, mais aussi dans toutes les organisations humaines, militaires (le décile de l'armée romaine), religieuses, administratives, sportives (l'équipe de football dont nous avons parlé plus haut), à travers tous les âges.

Il s'interroge ensuite sur les communautés dont ces bandes de chasseurs font partie et dont elles assurent la subsistance. Ces communautés comportent, outre les bandes de chasseurs elles-mêmes, formées de jeunes mâles, un ensemble de personnel de « support » qui reste au « camp », avec essentiellement les femmes, les enfants et les seniors trop âgés pour continuer à chasser. Son évaluation de la taille de tels clans familiaux est de quelques centaines, disons 500 pour fixer les idées. Il observe que cet effectif correspond à deux limites naturelles :

– c'est le nombre maximum de personnes dont quelqu'un (en particulier le chef) arrive à se faire entendre, en plein air et, bien entendu, sans moyen d'amplification de sa voix ;

---

1. Anthony Jay, *Corporation Man*, Jonathan Cape, 1972, édité en français chez Stock en 1978 sous le titre plus explicite de *Paléontologie de l'entreprise.*

– c'est le nombre de personnes que l'on arrive à reconnaître en les croisant, cette reconnaissance constituant un facteur de sécurité important pour la tribu car un ennemi pourrait s'y infiltrer.

Au-delà, l'instabilité et l'inquiétude risquaient de s'installer dans le camp en raison des sous-ensembles cherchant à se constituer dont l'un ou l'autre finirait par essaimer, rétablissant ainsi la sérénité.

Ce chiffre de quelques centaines est d'ailleurs une limite empirique correspondant aux observations que chacun de nous peut faire. Il sera repris en 1976 par Yvon Gattaz qui s'y référera au moment de la création de son mouvement ETHIC[1].

Dans les années 1990, un autre Anglais, Robin Dunbar, anthropologue et biologiste de l'évolution, suggère que, chez les primates et les hommes, la taille du cerveau impose une limite supérieure à la taille des groupes d'individus. C'est l'hypothèse dite du « cerveau social ». Pour la tester, Dunbar cherche et analyse les corrélations entre tailles des groupes et tailles des cerveaux chez les primates. Celles-ci sont concluantes et confirment son hypothèse. Puis il passe aux hommes pour lesquels il trouve, à partir des mêmes courbes de régression, le chiffre de 150 individus pour la taille maximale des groupes. Pour vérifier ce « nombre magique » et qui va faire le buzz, Dunbar a ensuite étudié le fonctionnement de peuplades de chasseurs-cueilleurs en différents endroits du monde : Australie, Afrique (en particulier les San du Botswana), Nouvelle-Guinée, etc. Ces tribus ayant conservé la structure sociale la plus proche de celle qu'ont connue nos ancêtres préhistoriques. Il trouve un chiffre moyen proche de 150.

Alors, 500 ou 150 ? Dunbar explique l'écart en observant que ce qui compte pour la cohésion du groupe, ce n'est pas seulement d'en reconnaître les autres membres, mais aussi de pouvoir percevoir correctement les interrelations entre eux. Une différence en quelque sorte analogue à celle qu'il y a entre « amis » sur Facebook et amis dans la « vraie vie »… Quoi qu'il en soit, il existe dans nos entreprises modernes un grand nombre d'exemples de la prise en compte de ce chiffre pour bâtir leurs organisations. Le plus emblématique étant celui de Gore (l'inventeur du fameux tissu qui porte son nom) rapporté par Malcolm Gladwell[2] dans son livre *The Tipping Point,* une entreprise qui, parmi nombre d'autres dispositions très innovantes, s'est donné comme règle absolue de limiter la taille de ses unités à 150 personnes.

---

1. ETHIC : « Entreprises à taille humaine industrielles et commerciales », dont la sémantique s'est transformée plus tard en « Entreprises de taille humaine indépendantes et de croissance ».
2. Malcolm Gladwell, *The Tipping Point*, Black Bay Books, 2000.

Ces deux exemples suggèrent des limitations évidentes dans la taille des organisations, limitations largement confirmées par l'observation du développement des petites entreprises. Une majorité d'entre elles se créent sur le mode tribal autour d'un entrepreneur/chef de tribu puis se heurtent à des seuils. Certaines restant, par choix ou par contrainte, en deçà de ces seuils.

Ce qui n'a pas empêché certains leaders de créer de très grands groupes en continuant à gouverner sur le mode tribal, c'est-à-dire en prise directe avec une centaine de managers entièrement dévoués, directement pilotés par eux au mépris des structures formelles en place : Guy Dejouany à la Compagnie générale des eaux, ancêtre de Vivendi, Claude Bébéar chez Axa, Alain Dupont chez Colas, pour ne parler que de ceux que j'ai eu l'occasion de côtoyer. Le problème, c'est leur succession, que tous n'ont pas réussie avec le même bonheur...

En résumé, le mode tribal, contrairement au mode mécanique qui va lui succéder, n'a pas été pensé et développé pour l'entreprise. Mais il est à l'origine d'un grand nombre d'entre elles, a contribué à en créer la mythologie et les a souvent beaucoup marquées. Et il a une redoutable propension à se réinstaller, chaque fois qu'il le peut, dans des structures locales favorables qu'il transforme en « baronnies » indociles.

L'organisation mécaniste

Au modèle tribal, à la portée limitée, succède le modèle mécanique. C'est lui qui va permettre de franchir le seuil de taille sur lequel bute son prédécesseur, et de construire, de proche en proche, de grands ensembles industriels de production de masse.

Le modèle se confond en grande partie avec ce que l'on a coutume d'appeler le « taylorisme » par référence à Frederick Taylor (1856-1917) ingénieur américain qui en a fait une formulation quasi scientifique, l'OST, avec une concrétisation opérationnelle dans l'automobile chez Ford. En sachant que plusieurs autres penseurs de l'époque y ont contribué comme Max Weber ou encore le Français Henri Fayol, et même avant cela l'économiste écossais Adam Smith (1723-1790), chantre de la division du travail.

Les racines du modèle sont là aussi à rechercher hors de l'entreprise en particulier dans l'organisation des armées de Frédéric le Grand de Prusse (1740-1786). Ce modèle procède du fort courant rationnel et scientifique de l'époque et se situe dans un contexte économique où l'enjeu était de produire, au moindre coût, avec une main-d'œuvre peu qualifiée et une pénurie d'ingénieurs, pour des marchés peu compétitifs où l'offre était très inférieure à la demande.

En cassant le modèle traditionnel de l'artisan, le taylorisme a largement contribué au spectaculaire développement industriel de l'Occident. Il s'est généralisé ensuite dans tous les pays, y compris l'URSS, laquelle avait compris que ce mode de fonctionnement était autant un moyen de contrôle du monde du travail qu'un instrument de développement du profit...

Le modèle, initialement focalisé sur la production industrielle, va ensuite progressivement s'étendre à toutes les fonctions de l'entreprise, gagner tous les domaines d'activité et donner naissance, sous l'égide des gourous américains, à la discipline du management.

Il est à noter que le modèle taylorien a, dès l'origine, suscité de vives controverses : sa mise au point chez Ford a rencontré d'énormes difficultés, au point que Taylor lui-même, très attaqué, a dû s'expliquer devant le Congrès américain. Et les contraintes inhérentes au modèle, notamment la déshumanisation dont il est porteur, ont très vite conduit, avec plus ou moins de succès, à chercher des correctifs et des palliatifs. Mais sans revenir sur ses fondements.

Le modèle mécaniste présente la particularité d'être le seul à avoir été réellement étudié et documenté, tant par les ingénieurs qui en sont à l'origine que par les sociologues qui se sont intéressés à l'entreprise. C'est celui dans lequel nombre des dirigeants actuels sont nés et se sont formés et dont ils restent imprégnés, même s'ils n'en ont pas toujours conscience. C'est une des raisons pour lesquelles il ne faut pas le perdre de vue. L'autre étant que, même s'il est de bon ton de le vilipender, il est probable que le modèle mécaniste continuera à jouer un rôle essentiel dans l'équilibre de nos entreprises.

L'organisation transactionnelle

Pour bien fonctionner, le mode mécaniste a besoin de stabilité. Car le cycle conception-mise en œuvre dissocié et sans intelligence dans l'exécution est assez long. Si cela s'accélère, on est rapidement en déphasage et en retard d'une guerre.

Or, depuis quelques dizaines d'années, cette stabilité disparaît, y compris pour des entreprises opérant encore à l'abri d'un monopole. C'est l'environnement, turbulent et en constante évolution, qui commande, imposant un rythme de changement accéléré et ponctué de « crises » qui ne sont plus des dérèglements temporaires de la situation, mais des temps forts de l'évolution. La compétition se durcit et s'élargit. De locale elle devient internationale voire mondiale.

L'entreprise a dû s'ouvrir, parfois dans la douleur, à cet environnement. Et mieux prendre en compte ses marchés, ses concurrents, ses clients, ses partenaires externes, son impact sur l'environnement et son rôle dans la société. Ce faisant, elle a été amenée à faire évoluer son fonctionnement taylorien. Non pas en en remettant en cause les fondements, mais en utilisant d'autres leviers. À la pression de l'encadrement intermédiaire (lequel, au fil du temps, s'est considérablement réduit) se sont substituées les contraintes dictées par les flux, méthodes de travail et pratiques de management (flux tendus, zéro stock, qualité totale, pilotage par l'aval, pression du client qui redouble celle du temps, pression collective des pairs pour respecter la norme, etc.).

Le signal de ce passage de l'organisation mécanique à l'organisation transactionnelle a été donné par la vague du « process reengineering » des années 1980. L'entreprise a processé, parfois à l'extrême, son fonctionnement et développé fortement la dimension transverse aux structures. Son organisation est devenue matricielle et inconfortable.

L'entreprise a dû aussi prendre le train de la mondialisation. Sa taille a continué à grossir pour s'adapter à la dimension des marchés à servir. Mais avec une complexité nouvelle liée :

• à la dispersion géographique des implantations : structures de production en quête de coûts bas, réseaux commerciaux et de distribution proches des marchés, plates-formes logistiques optimisées, centres de recherche proches des bassins de talents et de savoirs rares, etc. ;

- à l'hétérogénéité de tous ses composants, ancrés dans des cultures nationales différentes et pour certains issus d'acquisitions, porteurs de cultures d'entreprise tout aussi différentes ;
- au recalibrage au plus juste de son cœur de métier, à travers la multiplication de partenariats extérieurs.

Une complexité qui confronte l'entreprise à la double difficulté du contrôle à distance et de la maîtrise de réseaux de partenaires multiformes et changeants.

Une évolution rendue possible par les progrès considérables des technologies de l'information et de la communication et l'apparition d'une abondante offre d'outils industrialisés et de produits logiciels.

À tel point d'ailleurs que l'organisation de l'entreprise et son fonctionnement interne semblent être devenus des commodités que l'on va chercher sur le marché, avec tout ce que cela implique de mimétisme et de sensibilité aux modes, en faisant l'économie d'une vraie réflexion sur les besoins. Ce qui explique peut-être la surprenante pauvreté de la recherche et de la réflexion sur le mode de fonctionnement transactionnel auquel ces évolutions ont insensiblement conduit.

La nouvelle donne

Les dérives du mode transactionnel

J'observais, dans un précédent ouvrage[1], que s'installait depuis quelques années, dans un nombre croissant de grandes entreprises, une sorte de modèle de fonctionnement par défaut dont personne ne disait vouloir, mais auquel nous contribuons tous ! Un modèle dans lequel l'entreprise réussit l'exploit de maltraiter à la fois ses clients et son personnel.

Bien prendre en compte les clients est pourtant censé être un des points forts du mode transactionnel. Sauf que, dans la réalité, celui-ci semble parfois s'ingénier à les tenir à distance. À travers la mise en place de centres d'appels et autres plates-formes de relations clients – qui plus est out-sourcées vers des contrées exotiques – et de dispositifs labyrinthiques les décourageant d'essayer de vouloir trouver quelqu'un pour résoudre leur problème. À croire que le client représente une menace dont il faut se protéger ! Ça laisse songeur quant au réel pouvoir du client et à la liberté qu'il est censé avoir... Alors qu'il se retrouve de plus en plus souvent captif et impuissant à résister à la ponction dont il fait l'objet.

Quant au personnel, là non plus les choses n'ont pas l'air de s'arranger. Plusieurs grands groupes français éminents ont même fait l'actualité à propos des extrémités auxquelles pouvait mener le contexte inhospitalier dans lequel on le faisait parfois travailler. Ce qui, compte tenu de l'état du marché du travail, ne les empêche pourtant nullement de recruter les gens dont ils ont besoin. Mais avec quelle implication ?

 Les raisons premières de ces dérives ne sont pas à rechercher dans l'entreprise elle-même, mais dans l'environnement économique et financier dans lequel elle opère et qui exerce sur elle une pression sans précédent, tant sur le niveau des performances attendues, fixé par référence à celui de la spéculation, que du temps alloué, de plus en plus court, pour les obtenir. Une pression que l'organisation de l'entreprise retransmet autant qu'elle le peut vers ses partenaires extérieurs et ses clients.

_____

1. Jacques Jochem, *Faire bouger son entreprise, ce n'est pas si difficile que ça...*, Maxima, 2008.

On peut néanmoins s'interroger sur les racines de cette financiarisation destructrice, où la notion de création de valeur pour l'actionnaire est devenue la mesure reine, et sur les marges de manœuvre dont les entreprises disposent pour y faire face, voire agir sur elle. Un des points clés ici étant le rôle des dirigeants. Trop d'entre eux acceptent d'en être les complices, en relaient la pression, et faussent, pour leur plus grand profit personnel, le nécessaire équilibre des rétributions des parties prenantes. Par leur « trahison », ils laissent l'entreprise devenir, ou redevenir un simple outil de génération de profit, avec de moins en moins de considération pour la communauté qui y travaille, voire pour ses clients qui en sont pourtant la raison d'être...

L'organisation de l'entreprise : un facteur de compétitivité devenu secondaire ?

Au cours des dernières décennies, l'organisation et le fonctionnement de l'entreprise, progressivement relégués au rang de commodités, ont beaucoup perdu de leur importance. D'autant que, parallèlement, d'autres facteurs de compétitivité, plus faciles à mettre en œuvre, avec des retours plus rapides, et pesant d'un poids considérable, les ont supplantés : certains respectables, comme la délocalisation, l'outsourcing ou l'innovation technologique ; d'autres moins avouables, comme l'« optimisation fiscale », l'entente[1], voire la tricherie et la corruption.

La révolution digitale

Quand, il y a vingt-cinq ans, nous commencions à nous intéresser à l'organisation holistique, nous étions dans un monde sans Internet. Dans quelle mesure l'irruption de ce fabuleux outil et plus largement le déferlement technologique actuel a-t-il et va-t-il encore changer la donne? Quel va être l'impact de la digitalisation, la grande affaire du moment, à laquelle aucune entreprise ne devrait échapper, quels que soient sa taille ou son métier ? Car, bit après bit, nul doute que tout ce qui peut être digitalisé le sera.

---

1. On pourrait rappeler à ce propos ce qu'écrivait Kjell Nordstroem, auteur iconoclaste, dans *Funky Business*, Village mondial, 2000 : « Le petit secret peu glorieux du capitalisme est que la majorité des compagnies prospères ont bâti leur succès en prenant des libertés avec l'esprit de libre entreprise. Toutes ont créé à un moment ou à un autre des monopoles ou des oligopoles... »

Vont-elles, comme elles en ont pris l'habitude avec la précédente génération d'outils comme les ERP, CRM ou autres *supply chains*, aborder cette transformation sous l'angle de la technologie, en considérant, en cohérence avec leur dominante transactionnelle actuelle, leur fonctionnement interne comme une variable d'ajustement ou une commodité appelant l'implantation de solutions standard du marché ? Vont-elles, au contraire, en profiter pour cette fois-ci prendre en considération le fait que la technologie pouvait, plus que jamais, soit asservir soit libérer?

On trouve des éléments de réponse à cette question dans la vaste et récente enquête publiée à l'été 2013 par McKinsey[1] sur la transformation digitale des entreprises. L'enseignement le plus important est, sans surprise, que cette transformation est très orientée clients : c'est là où le potentiel de gain est jugé le plus immédiat et c'est aussi là où il y a le plus de moyens engagés. On note au passage que les entreprises n'ont pas du tout dans l'idée de corriger le tir dans leurs relations avec leurs clients. Bien au contraire ! Le Big Data aidant, elles se préparent à les poursuivre, avec une efficacité redoublée, de leurs assiduités personnalisées jusque dans les moindres recoins de leur vie privée.

Quant aux initiatives touchant au fonctionnement interne, elles restent les parents pauvres de la digitalisation, car elles impliquent une évolution de l'organisation et du management que l'entreprise ne semble pas encore prête à assumer. Y compris dans les activités de service où le comportement du personnel fait pourtant partie de l'offre (« un salarié heureux fait un client heureux »). Et l'étude de conclure, là aussi sans surprise, que le vrai challenge de la transformation digitale est la transformation des organisations.

Un des impacts majeurs des extraordinaires possibilités de communication qui sont aujourd'hui à la disposition de tous est la transparence qu'elles génèrent sur ce qui se passe réellement dans l'entreprise. Quels que soient les efforts qu'elle va déployer, l'entreprise ne maîtrisera pas son e-réputation comme elle maîtrisait sa communication institutionnelle. Un phénomène vertueux qui devrait la pousser soit à abandonner certains de ses discours incantatoires sur la place de l'homme dans son organisation, soit à les mettre en œuvre...

---

1. Brad Brown, Johnson Sikes et Paul Willmott, « Bullish on Digital » McKinsey Global Survey.

L'arrivée d'Internet a vu aussi l'éclosion de toute une nouvelle génération d'entreprises vivant sur ou du Net. Les eBay, Amazon, Google, etc. Des start-ups libres d'imaginer des organisations affranchies des pesanteurs du passé. Qu'ont-elles apporté de neuf dans leur fonctionnement dont nous puissions faire notre miel ? Créées et animées par des personnalités souvent originales et atypiques, elles ont effectivement puissamment innové en matière de *business model*, de nouveaux métiers, de nouvelles approches marketing, utilisant à fond toutes les ressources techniques et sociales du Net. Mais peu se sont illustrées pour leur innovation managériale.

Google[1] l'a fait, mais uniquement pour la petite population, choyée parce que cruciale, des ingénieurs et développeurs, alors que les personnels administratifs et commerciaux n'ont aucun de leurs avantages et sont soumis chez Google comme ailleurs à une forte pression.

Une situation contrastée que l'on trouve aussi chez Amazon, comme en témoigne sa récente mésaventure de l'entrepôt de Montélimar. Géant du Net, créateur d'un gigantesque et incontournable magasin *on line,* Amazon s'est doté aussi de grosses structures logistiques pour entreposer et acheminer ses innombrables produits. Grâce à Jean-Baptiste Malet, journaliste du *Monde* qui s'est fait embaucher à l'entrepôt de Montélimar et qui raconte son expérience dans un livre[2], nous avons quelques lumières sur ce qui s'y passe. Et une idée de la façon dont on peut utiliser les systèmes sophistiqués mis à notre disposition aujourd'hui pour en faire des outils inédits et redoutables de contrôle de la productivité individuelle. Alors que, dans le même temps, sa filiale Zappos[3] défraie la chronique en annonçant son passage en mode « zéro management » !

Comme quoi, il faut se méfier des amalgames rapides, comme par exemple être persuadé qu'une entreprise comme Apple, dont la réussite, tirée par l'innovation produit et marketing, est exceptionnelle, a forcément aussi un management exceptionnel ! Surtout si l'on sait ce qu'était le style tyrannique du regretté Steve Jobs.

Sous l'impulsion des générations de « *digital natives* » nées avec elles, les technologies de la révolution numérique sont en train de générer, à l'échelle de la planète tout entière, une nouvelle culture ou du moins de nouveaux comportements. Le premier champ investi est celui de notre

---

1. Bernard Girard, *Le Modèle Google*, M21 Éditions, 2008.
2. Jean-Baptiste Malet, *En Amazonie,* Fayard, 2013.
3. Tony Hsieh, *Zappos : l'entreprise du bonheur,* Leduc Éditions, 2011.

fonctionnement personnel au quotidien : notre façon de nous informer, de communiquer, de consommer, de partager, de nous former, etc. Nous ne faisons plus rien comme avant ! Dans la perspective qui nous intéresse ici, c'est-à-dire le fonctionnement de l'entreprise, deux aspects de cette évolution méritent une attention particulière. Le premier est que les nouveaux comportements qui s'installent sont porteurs d'auto-organisation. Avec une remise en cause « naturelle » de toute autorité, intermédiaire, expertise ou rente de situation sans valeur ajoutée reconnue. Mais sans s'accompagner – du moins pour l'instant – d'une contestation directe des institutions en place, lesquelles n'évoluent pas au même rythme. Et si, comme le constatent certains observateurs, la génération Y n'a pas forcément dans l'idée de changer la société, ses comportements de contournement vont finir par en saper les fondements. On ne sait pas encore si le Net peut construire. Mais il a déjà fait la démonstration de sa capacité à détruire.

Ce à quoi, en revanche, cette génération tient – et c'est le second aspect auquel nous devrions être sensibles –, c'est de pouvoir donner libre cours à la créativité personnelle et à la « mass-self-communication [1] » dans le seul but de s'exprimer librement puis de partager, gratuitement, cette expression.

L'enjeu pour l'entreprise est de tirer parti de ce double potentiel d'auto-organisation et de « créativité de la multitude ». La simple irruption, même massive, des « petites poucettes » chères à Michel Serres[2] ne suffira pas. L'entreprise devra accompagner ou, mieux, anticiper le mouvement pour éviter que ces comportements soient inhibés, voire se retournent contre elle et de potentiellement positifs deviennent déstabilisants. Une démarche dans laquelle s'est par exemple engagé BNP Paribas avec son opération de « coaching digital international » des cent premiers dirigeants du groupe.

---

1. Nicolas Colin et Henri Verdier, *L'Âge de la multitude,* Armand Colin, 2013.
2. Michel Serres, *Petite Poucette,* Le Pommier, 2012.

Les enjeux actuels

Dans ce contexte propice aux remises en cause et aux évolutions, les entreprises sont confrontées, en matière de fonctionnement, à (au moins) trois grands enjeux :

* mettre ou remettre à contribution les hommes et femmes de l'entreprise pour faire face à une **complexité** que les systèmes, aussi sophistiqués soient-ils, n'arrivent plus à absorber. Pour réussir à gouverner et à garder le contrôle de mastodontes aux innombrables ramifications. Pour réussir à générer, à travers les fusions et acquisitions successives, les liens indispensables à leur cohésion et à la réalisation des synergies au nom desquelles ils se sont constitués ;

* libérer la **créativité** qui leur permettra de réaliser les promesses de l'ère de la création-communication dans laquelle nous sommes entrés. Retrouver la capacité à générer de l'**innovation** par elles-mêmes, laquelle s'est atrophiée au fil des années chez nombre d'entre elles. Appliquer cette créativité non seulement aux produits, aux stratégies et au marketing, mais aussi au fonctionnement. Une évolution que seule une plus grande liberté laissée aux managers et au personnel peut générer ;

* trouver ou retrouver l'**attractivité** nécessaire pour attirer et fidéliser les talents, principale source de leur compétitivité future. Ce qui va impliquer qu'elles soient ou redeviennent réellement (car, comme nous l'avons vu, la vitrine de la communication institutionnelle ne trompe plus personne) des lieux de développement personnel propices à l'**engagement**. Les gens seront de plus en plus réticents à aller vers des entreprises interchangeables prônant confiance et convivialité, mais imposant indifférence et absurdité et les obligeant à mal travailler.

Une enquête révélatrice

Selon une enquête récente du cabinet Deloitte[1], la génération Y, laquelle représentera 75 % des effectifs professionnels dans le monde en 2025, porte un regard très critique sur le fonctionnement des entreprises actuelles. 70 % d'entre eux se disent prêts à rejeter ce que les entreprises classiques ont à leur proposer, notamment parce qu'elles n'encouragent pas l'esprit d'innovation et ne se préoccupent pas assez du développement de leurs compétences. Sauf en France, où ils ne sont « que » 52 % à le déclarer. Une exception à mettre sur le compte du niveau de chômage avec lequel ils se sont résignés à devoir composer ?

1. « Millenial Survey » de Deloitte Touche Tohmatsu sur 28 pays, édition 2014.

Vers plus d'organisation holistique ?

Le mode transactionnel aujourd'hui dominant, en proie à ses dérives et engagé dans sa mutation digitale, est-il adapté à ces enjeux ? N'arrivons-nous pas, contraints et forcés, à une nouvelle période charnière de changement de mode de fonctionnement avec l'amorce d'un passage vers le mode émergent holistique, le quatrième de notre modèle, celui qui nous ferait remonter, sur la courbe en U, dans la zone supérieure où l'homme reprend la main sur les systèmes ?

Une généralité évidemment difficile à faire, tant les situations varient d'une entreprise à l'autre. Mais on trouve aujourd'hui trace de cette quête dans un nombre croissant de discours institutionnels. Y compris, comme on va le voir un peu plus loin, chez des géants comme Carrefour ou Axa, que l'on pouvait croire fermement ancrés dans le modèle transactionnel.

On peut lire ces discours :

- soit comme un choix humaniste sur la place de l'homme dans l'entreprise. Il arrive qu'ils soient sincères et crédibles...
- soit, de manière plus prosaïque, comme une recherche de performance à travers, d'une part, des gens plus heureux au travail et donc plus efficaces et, de l'autre, un fonctionnement plus économique parce que, *in fine,* la confiance coûte moins cher que la bureaucratie ;
- soit comme de simples incantations, souvent cyniques, sans réelle volonté de s'engager dans cette voie.

Mais, force est de reconnaître que ce quatrième mode de l'organisation holistique, qui a toute sa place dans notre modèle, n'est encore qu'un mode émergent marginal dans nos entreprises. Ce qui ne l'empêche pas de susciter, à intervalles réguliers, un regain d'intérêt. Il semble que nous vivions un de ces temps forts.

Alors, essayons de nous faire une idée sur ce qu'il en est dans la réalité.

Les pionniers

Les pionniers en matière d'organisation holistique, comme Semco au Brésil, Morning Star ou Sun Hydraulics aux États-Unis ou Favi en France, sont connus et certains même depuis longtemps. Ce sont, le plus souvent, des structures de quelques centaines de personnes, dont les dirigeants ont largement communiqué sur leurs réalisations, faisant des singularités de leur fonctionnement, couplées avec de bonnes performances économiques, un élément de leur image. On trouve sur eux des livres comme celui de Ricardo Semler[1], des conférences comme celles de Jean-François Zobrist[2] de Favi, des études de cas comme celle sur Sun Hydraulics à Harvard, des articles comme celui sur Morning Star dans la *Harvard Business Review*[3], etc.

Dans leur ouvrage récent[4], Isaac Getz et Brian M. Carney en font opportunément un premier recensement incluant d'autres entreprises moins connues (du moins pour leurs penchants pour l'organisation holistique) et dont certaines comme Gore, USAA ou Harley Davidson aux États-Unis, ont des effectifs plus importants dépassant les 10 000 personnes.

On trouvera ci-dessous, une liste, bien sûr, non limitative, d'entreprises connues pour revendiquer, sous des formes diverses, mais convergentes, de fonctionner suivant un mode plus holistique que les autres[5].

---

1. Ricardo Semler, *Maverick*, Random House, 1993 et *Seven Day Week End*, Penguin, 2003.
2. Voir aussi *La Belle Histoire de Favi : l'entreprise qui croit que l'homme est bon* », EAN, 2008.
3. *Harvard Business Review*, « First let's fire all the managers », décembre 2011.
4. Isaac Getz et Brian M. Carney, *Liberté & Cie : Quand la liberté des salariés fait le bonheur des entreprises,* Fayard, 2012.
5. Ces entreprises et les auteurs, consultants ou universitaires qui en parlent utilisent une grande diversité de qualificatifs génériques comme : auto-organisation, intelligence collective, entreprise apprenante, entreprise libérée, fonctionnement biologique, ou, dans le monde anglo-saxon, *self organization, self management, people-based, organizational démocracy* (le site World Blu publie tous les ans la liste des 50 « *Most Democratic Workplaces* » répondant à ces 10 critères de fonctionnement démocratique), etc.
Une diversité encore accrue à la suite de l'apparition, au cours de ces toutes dernières années, de nouvelles appellations, comme :
Holarchy (Ken Wilber),
Holonomy (Jenny Wade),
Holacracy (Brian Robertson),
Living Organization (Norman Wolfe),
Radical Management (Stephen Denning),
Wiki Management (Rod Collins),
High Conscious Organization (Robert Keagan, Frederic Laloux, etc.).

Nom	Pays	Secteur	Effectif
Chronoflex	France	Services	200
Doublet	France	Industrie	300
Techné	France	Industrie	300
Morning Star	USA	Agroalimentaire	400
Favi	France	Industrie	400
Semco	Brésil	Industrie	600 ?
Sun Hydraulics	USA	Industrie	600
Poult	France	Biscuiterie	700 ?
Zappos	USA	E-commerce	1500
Usocome	France	Industrie	1650
Hervé Thermique	France	Services	2 000
Harley Davidson	USA	Industrie	9 000
Gore	USA	Industrie	10 000
Quad Graphics	USA	Imprimerie	10 000
Sol	Finlande	Services	10 000
Cascades	Canada	Industrie	12 000

Mais il est probable que beaucoup d'autres sont en train de s'engager dans cette voie ou du moins de l'explorer. N'y apparaît pas, notamment, le foisonnement des petites structures qui, seules ou en réseaux, se sont créées sur cette base, en particulier dans certaines zones d'activité de province. N'y sont pas évoquées non plus les organisations à but non lucratif, ni les sociétés à statut coopératif, comme Les Ateliers de Bretagne en France ou John Lewis en Angleterre.

On remarquera que beaucoup d'entre elles sont des entreprises familiales dans lesquelles actionnariat et management sont proches, voire se confondent.

Nous allons commenter cette liste en faisant deux catégories suivant les effectifs concernés :

• les « petites » structures, qui sont grosso modo en deçà du seuil des 500 chers à Anthony Jay ;

- les « grandes » structures dépassant, et pour certaines très largement, ce même seuil.

Remarque : nous avons conscience que mettre ainsi systématiquement en avant, comme nous l'avions déjà fait dans la perspective historique, la taille comme facteur de différenciation est limitatif et réducteur. D'autres facteurs sont bien sûr à prendre en compte, ne serait-ce que le métier de l'entreprise, lequel ne rejoint le premier que dans les activités de service au sens large, faiblement capitalistiques, où la performance au quotidien dépend de l'action du plus grand nombre.

Le cas des « petites » structures

Le prototype de ce premier groupe d'entreprises est le Français Favi.

Favi est probablement ce qu'il y a de plus achevé au monde en matière d'organisation holistique d'une PME industrielle. L'organisation mise en place par Jean-François Zobrist fonctionne depuis plus de trente ans, a traversé sans encombre les crises, a résisté à la prise de recul de son créateur ; bref, a largement démontré son « antifragilité », un concept sur lequel nous reviendrons un peu plus loin. Elle fait aujourd'hui école et nombre d'autres petites et moyennes entreprises françaises s'en inspirent. Surtout depuis que Jean-François Zobrist est sorti de son incognito de « patron paresseux qui ne sert à rien » et qui refusait même que son portrait apparaisse, pour enfin prendre la lumière et s'en faire l'ardent promoteur, à travers ses nombreuses conférences et interviews.

Notre propos ici n'est pas de revenir sur les caractéristiques singulières du fonctionnement de Favi, mais d'essayer de tirer parti de l'extraordinaire laboratoire en grandeur réelle qu'elle constitue pour nous interroger sur sa portée.

On peut noter tout d'abord que l'expérience a bénéficié de deux conditions favorables :

- la concentration de toutes les activités de la société sur un seul site, « à la campagne », avec un enracinement local privilégiant naturellement le contact direct ;
- la bienveillance d'un actionnaire familial stable qui a eu confiance au départ, confiance ensuite largement payée de retour par le niveau exceptionnel et régulier des dividendes servis.

Il est exceptionnel que Favi ait réussi à réunir ces conditions et surtout à les conserver aussi longtemps. Quel serait par exemple l'impact de la création, ou pire de l'acquisition, d'un autre site ? Que se passerait-il si d'aventure Favi était repris par un grand groupe de sous-traitance automobile ?

Ce qui conduit à se poser la question du développement de la société. Quand Jean-Christian Fauvet et moi avons rencontré pour la première fois Jean-François Zobrist en janvier 1998 à Hallencourt (Somme), Favi comptait 300 personnes. Quinze ans plus tard, elle en dénombre 400. Autrement dit, si la rentabilité est au rendez-vous, il n'en est pas de même pour la croissance. Est-ce un choix ou un effet de seuil ? Ou les deux à la fois ? En tout cas, Jean-François Zobrist semble assumer volontiers les limitations que peut comporter la vision partagée qui tire Favi et qui est de « vivre et travailler au pays ». Est-ce au prix de cette limitation que le mode de fonctionnement de Favi a pu prospérer ?

Cette absence de développement n'est pas sans risques en raison de l'iné-luctable vieillissement d'un personnel très stable, et d'une potentielle dérive tribale et népotique, voire sectaire. Et que la récente médiatisation peut contribuer à accentuer.

Semco, l'autre pionnier en la matière, avec la même antériorité et la même longévité que Favi, est semble-t-il dans le même cas qu'elle. Elle non plus n'a guère changé de dimension, même s'il est difficile d'avoir des chiffres précis. Ce qui est sûr c'est que le groupe Semco a trouvé son développement en diversifiant ses activités, notamment vers le service.

Il est intéressant aussi de noter que Jean-François Zobrist n'avait pas de modèle de référence explicite quand il a commencé à transformer Favi. Il a, au fil du temps, testé de manière systématique, mais pragmatique, puis importé tout ce qui pouvait apporter un plus à son fonctionnement, dont certains concepts et outils de la sociodynamique développés par Jean-Christian Fauvet. Et ce n'est que progressivement que l'ensemble a pris sens et cohérence. On peut néanmoins penser qu'il devait bien avoir dans un coin de sa tête, déguisée en bon sens picard, une petite idée de là où il voulait aller. La bonne nouvelle est qu'aujourd'hui l'on connaît mieux les principes de la conception d'ensemble, en grande partie grâce à lui. Quelle est alors la bonne stratégie de changement pour dupliquer le modèle ? Faut-il avoir une conception d'ensemble ? Ou peut-on se contenter de faire son marché dans la liste des bonnes pratiques éprouvées ?

Le cas des « grandes » structures

Une autre bonne adresse française en matière de fonctionnement holistique est le groupe nantais Hervé, et en particulier son activité d'origine Hervé Thermique. Sous la houlette éclairée de son fondateur et toujours propriétaire, Michel Hervé[1], ce groupe a lui aussi, sur une longue période et sans faire de bruit, poussé très loin les préceptes de ce type d'organisation. Au point que Michel Hervé dit n'y avoir conservé que le rôle, à ses yeux essentiel, de gardien de la philosophie de fonctionnement qu'il a installée au fil des années.

Il fait partie, comme l'Américain Gore, d'un deuxième groupe d'entreprises dont les effectifs concernés sont nettement plus importants, de l'ordre de plusieurs milliers de personnes. Ce qui fait leur intérêt, c'est le fait qu'elles aient été confrontées, dans leurs démarches de développement d'une organisation holistique, à l'existence d'entités et de sites multiples, les obligeant à travailler à deux niveaux :

- celui des unités, pour lesquelles on peut considérer, en première approximation, que l'on est ramené au cas précédent. Le fonctionnement holistique s'y développe à partir des opérateurs de terrain ;
- celui de la structure qui relie ces unités entre elles et avec les organes centraux.

Cette « deuxième couche », qui concerne plutôt les managers et inclut les dispositifs de gouvernance, doit être conçue pour permettre à la première de prospérer, en cohérence avec elle. Elle pose le problème, délicat, mais clé, du rôle de l'encadrement intermédiaire. Une difficulté évoquée par de nombreux dirigeants en quête de fonctionnement holistique, dont ceux de Morning Star, de Poult ou encore de Zappos.

Il faut dire que les changements d'organisation, quels qu'ils soient, ne les ménagent pas ! Dans les organisations transactionnelles, beaucoup de ces managers intermédiaires avaient déjà été sacrifiés sur l'autel du « lean » et les survivants invités à trouver leurs marques dans d'inconfortables matrices. Voilà à présent qu'il est question de leur « disparition » ou en tout cas d'un nouveau repositionnement changeant en profondeur leur mode

---

1. Michel Hervé et Thibaud Brière, *Le Pouvoir au-delà du pouvoir*, François Bourin, 2012.

d'action. Et dont une des conséquences, et non des moindres, est de leur faire perdre leur statut social. On comprend que certains auront du mal à faire le trajet.

On notera que, pour l'instant du moins, les grands groupes industriels et de services sont absents de cette liste, alors qu'ils étaient dans le passé les principaux foyers d'innovation en matière d'organisation et de management. Ce qui ne veut pas dire qu'ils ne pratiquent pas le mode holistique. Car il est probable que, dans la plupart d'entre eux, existent aussi des « poches » d'auto-organisation. Mais celles-ci sont rarement officielles, car mises en place à l'initiative de managers locaux prenant des libertés avec la culture dominante. En tout cas, ces entreprises communiquent très peu sur le sujet, comme plus généralement sur tout ce qui touche à leur fonctionnement interne.

Quant à nos champions nationaux comme Danone ou Lafarge qui cultivaient leur différence en la matière, ils semblent eux aussi progressivement rentrer dans le rang. Même si Danone continue à mettre en avant l'idée du « double projet » économique et social cher à Antoine Riboud, et à lancer des initiatives en ce sens.

Ce que l'on constate néanmoins, c'est que beaucoup de groupes affichent aujourd'hui la nécessité de donner ou de redonner plus de marges de manœuvre et d'autonomie à leurs unités opérationnelles : *business units,* filiales pays, magasins, agences, etc., pour s'adapter à des conditions de business qui se durcissent.

Ces dernières années, Jean-François Zobrist a été invité à porter la bonne parole dans nombre d'entre eux intéressés par son expérience. Son plaidoyer provocateur pour une désintoxication managériale et un retour au bon sens oublié y rencontre le même enthousiasme qu'ailleurs. Dans le même temps, tous ceux qui seraient prêts, à titre individuel, à s'engager dans l'aventure mesurent le chemin à parcourir pour y arriver, prennent conscience de leur impuissance et en sortent frustrés. Considérant que la taille atteinte et les contraintes qui en découlaient rendaient rédhibitoire toute évolution réelle vers un fonctionnement plus holistique.

Il est vrai que, pour ces mastodontes consacrant une part considérable de leur énergie à se contrôler[1], la marche est haute. D'autant que l'on peut, sans crainte de se tromper, parier que la course à la taille va continuer, voire s'intensifier. Car elle relève d'une recherche de puissance leur permettant d'accroître leur maîtrise des marchés (et, accessoirement, de justifier les rémunérations extravagantes de leurs dirigeants !). Même si l'on sait maintenant avec certitude, grâce notamment aux études de Geoffrey West, physicien américain qui a compilé les données sur plus de 22 000 entreprises, que la productivité par salarié baisse inexorablement avec la taille de l'organisation.

Mais il est probable que, dans le même temps, leurs configurations continuent à évoluer en profondeur pour s'adapter à leur environnement. Une perspective que, en ce qui les concernent, les militaires américains ont déjà conceptualisée et commencée à mettre en œuvre. Pour gagner les guerres de demain, dans un environnement qualifié de VUCA *(volatile, uncertain, complex and ambiguous),* ils ont mis au point le concept de « *Light Footprint Strategy* ». Cette nouvelle doctrine de défense substitue aux moyens lourds et aux nombreuses troupes au sol trois armes essentielles : les drones, les cyber-attaques et les forces spéciales.

En la transposant aux entreprises, on pourrait dire que :

- les drones, c'est l'automation et la robotisation, lesquelles vont permettre de produire avec souplesse près des marchés et réduire considérablement les coûts logistiques ;
- les cyber-attaques, c'est plus généralement l'utilisation de toutes les ressources technologiques et la transformation de l'information en arme de guerre économique ;
- les forces spéciales, c'est le remplacement des grands bataillons de salariés par de petites équipes bien entraînées, motivées, bénéficiant d'une large autonomie d'action, en interaction constante les unes avec les autres et avec le centre stratégique.

Une évolution qui les transformerait en réseaux dans lesquels on pourra « faire du petit dans du grand » et où l'organisation holistique devrait avoir toute sa place. Comme en rêvait déjà Jack Welch chez General Electric qui cherchait comment « conjuguer l'esprit d'entreprise des PME

---

1. En y arrivant d'ailleurs de moins en moins comme l'observe le sociologue des organisations François Dupuy dans son dernier ouvrage, *Lost in Management,* Seuil, 2011.

et la puissance d'un grand groupe ». Ce qu'imagine aussi Nassim Taleb[1] en décrivant comment bâtir l'entreprise « antifragile » dont nous allons avoir besoin à l'avenir.

« Antifragile »

Surnommé « le Dissident de Wall Street », où il exerça pendant vingt ans le métier de trader, Nassim Taleb est aujourd'hui un essayiste à succès qui construit une philosophie des sciences du hasard, de l'incertitude et du désordre, souvent provocante et paradoxale, appliquée à l'économie et, au-delà, à tous les aspects de la vie en société.

Il s'est fait connaître avec son livre *The Black Swann* paru en 2007. Il y expliquait, juste avant la crise des *subprimes*, la fragilité des modèles et systèmes utilisés dans la finance et leur impuissance face à ce qu'il appelait les « cygnes noirs », ces événements à fort impact, les seuls qui comptent vraiment, mais qui sont malheureusement tout à fait imprévisibles.

Son dernier ouvrage, *Antifragile : Things That Gain From Disorder*, a l'ambition d'apporter des réponses aux défis posés par ces « cygnes noirs » et, plus généralement, des clés pour vivre dans un monde que nous ne comprenons pas. Plutôt que de chercher à tout prix à réduire la variabilité et la volatilité de notre environnement, ce qui est illusoire, nous devrions construire des systèmes et des institutions qui bénéficient des aléas, des chocs et des désordres, des systèmes « antifragiles ».

Antifragile est un concept forgé par Nassim Taleb parce qu'il ne trouvait pas de terme adéquat pour exprimer son idée. Pour lui, le contraire de « fragile » n'est pas « robuste » ou « résilient », c'est-à-dire qui résiste aux chocs, ne casse pas et ne change pas, mais antifragile, c'est-à-dire qui absorbe les chocs et en sort renforcé.

Dès lors, comment faire pour qu'une entreprise soit antifragile ?

Nassim Taleb propose quelques pistes.

Le contre-exemple est le modèle vers lequel nous tendons : des géants robustes qui se protègent du risque, lissent les aléas pour que leurs performances soient les plus prévisibles possibles.

Une entreprise antifragile, au contraire, se méfie de la taille car elle sait que celle-ci tend à augmenter sa fragilité (« Les rats survivent mieux que les éléphants. »). Elle en corrige les effets négatifs en distribuant les décisions et les projets à travers le plus grand nombre d'unités possibles (« *small is*

---

1. Nassim Taleb, *The Black Swan : The Impact of the Highly Improbable*, Random House 2007 et 2010, et *Antifragile : Things That Gain from Disorder*, Random House, 2012.

beautifull, it is also efficient ») : des business qui profitent de leurs erreurs, mais dont les erreurs ne déstabilisent pas tout le système. Elle limite l'intervention institutionnelle aux choses importantes et fait confiance aux hommes et aux petites structures pour faire face à la complexité et à l'imprévisibilité. Elle n'est pas dupe de la réalité de sa capacité à se contrôler et pratique la subsidiarité.

Elle privilégie le fonctionnement organique par rapport au fonctionnement mécanique, car les systèmes organiques sont intrinsèquement antifragiles, alors que les systèmes mécaniques sont au mieux robustes, et le plus souvent fragiles car artificiels.

Plus généralement, Nassim Taleb fait un éloge tonique de la variabilité en tous les domaines de la vie et dénonce tous ceux, plus nombreux que jamais et dans tous les domaines, qui « prennent des risques » sans jamais s'exposer personnellement, y compris les dirigeants – faux entrepreneurs risquant l'argent des autres –, et stigmatise les pratiques universitaires du « Soviet Harvard » sur la connaissance.

Bref, une lecture incontournable.

Araignées et étoiles de mer

Vineet Nayar dirige HCL Technologies, groupe de services informatiques indien. À son arrivée en 2005, le groupe était en perte de vitesse. Il s'est alors employé à en transformer le fonctionnement. Avec succès, puisque entre 2005 et 2011 le groupe s'est fortement développé, passant de 700 millions de chiffre d'affaires et 30 000 employés à 2,5 milliards et 55 000 employés, en dépit de la crise de 2008-2009 qu'il a traversée bien mieux que tous ses concurrents. Vineet Nayar a conduit cette transformation personnellement, en payant beaucoup de sa personne. Et il raconte son aventure dans un livre[1] dont on ne peut que recommander la lecture. Car c'est un témoignage rare et direct d'un chef d'entreprise qui s'est attelé avec détermination et pragmatisme à installer une bonne dose d'organisation holistique dans son groupe. Avec la découverte des effets spectaculaires de la

---

1. Vineet Nayar, *Les Employés d'abord, les clients ensuite. Comment renverser les règles du management*, Diateino, 2011.

confiance et de la transparence, et aussi de l'extraordinaire potentiel de dialogue et de participation qu'apportent les outils aujourd'hui disponibles sur le Net.

Pour qualifier la transformation organisationnelle qu'il a réalisée, Vineet Nayar utilise une métaphore animalière empruntée à deux auteurs américains Ori Brafam et Rod A. Beckstrom[1].

Voici ce qu'il écrit : « La plupart des entreprises fonctionnent comme des araignées à huit pattes ; coupez une patte à l'araignée, vous aurez dans les mains une créature à sept pattes ; coupez-lui la tête et vous aurez une araignée morte. Mais coupez une branche de l'étoile de mer, et une nouvelle branche repoussera. Bien plus, la branche sectionnée peut développer un corps entièrement nouveau. L'étoile de mer est capable de cette prouesse parce que, à l'inverse des araignées, elle est polycentrique ; tous les organes vitaux sont présents dans chaque branche. »

Un changement radical de conception dont il a tiré les conclusions pour lui-même en faisant évoluer fortement son rôle de président.

Vineet Nayar montre que transformer une grande entreprise pour y installer plus d'organisation holistique n'est pas hors de portée. À condition d'en prendre le temps et d'accepter le challenge de se transformer soi-même.

À chaque entreprise son parcours

Si l'on peut considérer qu'historiquement les quatre modes de fonctionnement se succèdent suivant une courbe en U allant de l'organisation tribale à l'organisation holistique il n'en va pas forcément de même pour une entreprise donnée. Chacune d'elles parcourt, en réponse aux enjeux de survie et de compétitivité rencontrés, un trajet qui lui est propre, dans lequel aucun mode d'organisation ne chasse complètement le précédent, et qui la conduit à une configuration spécifique.

On ne peut donc, si l'on veut en comprendre le fonctionnement et, *a fortiori,* le faire évoluer, faire l'impasse sur aucun des quatre.

---

1. Ori Brafam et Rod A. Beckstrom, *The Starfish and the Spider : the Unstoppable Power of Leaderless Organizations,* Portfolio, 2006.

Chacun a son importance :

- le tribal, parce que c'est lui qui, sans que nous en ayons forcément conscience guide beaucoup de nos choix. Même s'il a en apparence disparu de l'organisation en place ;
- le mécaniste, parce que c'est le socle sur lequel repose la grande majorité des grandes entreprises actuelles ;
- le transactionnel, parce que c'est celui qui est à l'œuvre actuellement ;
- l'holistique, parce que c'est celui dont nous allons probablement devoir nous inspirer pour bâtir les organisations de demain.

La difficulté vient du fait que la connaissance dont nous disposons est très hétérogène :

- faible pour ce qui concerne le tribal : les travaux de référence sont l'œuvre d'anthropologues et de sociologues dont peu se sont intéressés à l'entreprise ;
- abondante pour le mécanique : les travaux de référence ont été réalisés, en général séparément, par des ingénieurs et des sociologues des organisations[1], d'abord pour en définir les modalités puis pour en faire la critique ;
- parcellaire pour le transactionnel : il y a très peu de travaux d'ensemble sur le sujet, lequel ne semble plus guère intéresser les universitaires. Les études, réflexions et expérimentations sont l'œuvre d'experts des différentes disciplines (technologues de l'information, spécialistes des ressources humaines, stratèges et gens de marketing, etc.) travaillant dans leurs cheminées respectives ;
- encore partielle pour l'holistique ;
- et inexistante sur la cohabitation et les interrelations entre les quatre modes.

---

1. Avec une mention particulière à ceux de l'« école française » Crozier-Friedman, comme François Dupuy.

Axa ou les vertus du banc de poissons

L'assureur Axa est devenu en quelques décennies un des leaders mondiaux du secteur. Voici comment, dans notre grille de lecture (fig. 9), on peut représenter son parcours :

Figure 9 – Le parcours d'Axa

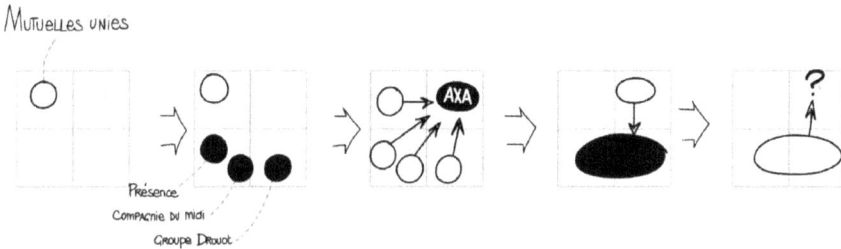

À l'origine du groupe, on trouve une petite mutuelle de Belbeuf (Seine-Maritime), Les Mutuelles unies avec 300 salariés et 1 % du marché national. Claude Bébéar y entre en 1958, un peu par hasard et pour rendre service à un de ses camarades de promotion à l'X. Il en devient directeur général en 1975.

Sous son impulsion, la petite tribu grossit et devient conquérante. Elle prend le contrôle de Drouot, la société la plus moderne du secteur à cette époque (marketing, informatique temps réel, etc.), puis de Présence (société prestigieuse avec de gros clients et de gros agents), puis de la Compagnie du Midi. Trois entreprises avec des modes de fonctionnement assez différents. Probablement conscient de ces différences, Claude Bébéar prend soin de ne pas les intégrer. Il se contente, à ce stade, d'en prendre personnellement la présidence.

En 1987, après un mémorable voyage-séminaire au Ténéré des cent directeurs représentant les quatre sociétés du groupe, Claude Bébéar restructure le groupe et crée Axa. Après avoir écarté un premier projet d'intégration sur le mode mécanique (« Je ne veux pas faire l'UAP… »), il opte pour une structure avec huit petites compagnies régionales très autonomes, sur le mode holistique.

Axa poursuit ensuite sa croissance nationale (prise de contrôle de l'UAP, ex-leader du marché et, comme on l'a vu, modèle repoussoir) et internationale, jusqu'à se hisser parmi les trois leaders mondiaux. Fin des années 1990, Claude Bébéar prend du recul et installe comme successeur Henri de Castries. Sous la houlette de son nouveau président, le groupe se réorganise et évolue progressivement, à l'instar de nombreux grands groupes internationaux, vers un profil à dominante transactionnelle.

Pour ce qui est de la suite, le mieux est de laisser la parole à Henri de Castries : « Pour réussir, il faut repenser les modes de fonctionnement et notre manière d'appréhender l'avenir. Dans le monde d'aujourd'hui, les structures organisées comme des baleines, avec un unique centre de contrôle qui gouverne l'ensemble de l'organisation, sont vulnérables. Si ce centre de contrôle se trompe, s'il ne voit pas venir un danger, la baleine s'échoue. Je suis convaincu que la seule organisation qui puisse fonctionner aujourd'hui, c'est le banc de poissons, dont l'organisation est infiniment plus souple et plus réactive. Tous les poissons du banc ont le même ADN, ils se déplacent dans la même direction, ils ont le même objectif et les mêmes valeurs. Mais en même temps, ils laissent l'initiative individuelle primer parce qu'ils ont confiance les uns dans les autres. Au total, le banc de poissons peut peser aussi lourd que la baleine, mais contrairement à celle-ci, il s'adapte beaucoup mieux aux changements de son environnement, y compris lorsqu'ils se produisent soudainement[1]. » Ça ressemble furieusement à une nouvelle quête d'organisation holistique, non ?

Carrefour et Leclerc, deux poids lourds de la distribution

Les organisations de départ, tribales, de ces deux géants français de la distribution, sont similaires. Elles partent d'une première épicerie familiale développée puis dupliquée régionalement par un fondateur visionnaire :

• d'un côté, en 1949, Édouard Leclerc avec son épicerie de Landerneau ;

---

1. *Le Figaro Magazine* du 21 juin 2013.

- de l'autre, onze ans plus tard, en 1960, Marcel Fournier avec celle qu'il a créée dans le sous-sol de sa mercerie d'Annecy.

Pour gérer son réseau de magasins, Carrefour s'oriente très tôt vers une organisation fortement décentralisée laissant beaucoup d'autonomie aux magasins créés. Dans cette organisation, plus tard complétée par un échelon de directions régionales fonctionnant dans le même esprit de subsidiarité, le poste clé est le chef de rayon, une invention Carrefour, lequel a une responsabilité quasi complète sur le business qu'il génère. Ce modèle d'organisation fait rapidement école et porte le développement du groupe pendant vingt ans.

De son côté, Leclerc choisit une autre voie en créant, en 1962, ce qui va devenir le « Mouvement Leclerc » : un groupement de commerçants indépendants propriétaires de leurs magasins (chaque adhérent ne peut en posséder que deux) qu'ils gèrent en entrepreneurs autonomes opérant sous l'enseigne Leclerc, et utilisant les services communs mis en place à leur initiative et sous leur contrôle. Cela peut être considéré comme une autre forme d'organisation holistique privilégiant elle aussi l'autonomie du terrain, mais dans le cadre d'une structure préférant la coopération à l'intégration : « L'indépendance dans l'interdépendance ».

Prix à payer : une fragilité du dispositif de l'époque, peu préparé à affronter des crises, se traduisant, en 1969, par la sécession de 95 Centres Leclerc partis former Intermarché.

À partir des années 1990, Carrefour poursuit et accélère son développement en France et à l'international. Ce qui l'amènera notamment à intégrer Promodès et Comptoirs modernes, dont les modèles d'organisation sont très différents du sien, et à diversifier ses concepts de distribution. Dans ce nouveau contexte, les enjeux de maîtriser le groupe et de faire jouer à plein sa puissance d'achat et sa puissance financière, devenus prioritaires, conduisent à la mise en place de dispositifs de logistique et de gestion centralisés et sophistiqués affaiblissant progressivement les principes initiaux de fonctionnement holistique. Une évolution difficile à gérer car vécue comme une « régression », et qui s'est traduite par l'arrivée de dirigeants extérieurs au groupe, et en particulier Daniel Bernard, un ancien de Metro, fervent adepte d'un fonctionnement de type Walmart, et qui a trouvé son apogée sous la férule de Lars Olofsson, non issu de la distribution, mais champion du mode transactionnel.

De son côté, Leclerc, surmontant le coup d'arrêt consécutif au départ des 95 magasins ayant déserté l'enseigne, relance le développement de son Mouvement. Il en peaufine l'organisation et le fonctionnement. Il a, comme Carrefour, la préoccupation de faire jouer à plein sa puissance d'achat. Mais sans dégrader l'autonomie des magasins. Il se dote alors progressivement de services centraux similaires à ceux de Carrefour, comme le Galec, une centrale d'achat nationale relayée par 16 centrales régionales couvrant 60 % des approvisionnements. Mais – et c'est une différence fondamentale – ces services fonctionnent sous la supervision bénévole et attentive d'adhérents patrons de magasins.

Aujourd'hui, le profil de Leclerc (fig. 10) comporte trois types d'entités :

- les hypermarchés et leurs satellites, au nombre de 540 en France, dont les modes de fonctionnement sont laissés à l'initiative de leurs patrons. On a donc toutes les chances d'y trouver une grande variété de modes de fonctionnement locaux ;
- les services communs peuplés des experts et spécialistes dont le groupement a besoin, avec probablement un fonctionnement plus transactionnel proche de ce que l'on va trouver chez Carrefour, à ceci près que les décisions sont prises par leurs clients-adhérents ;
- la gouvernance du Groupement représentée par la tribu des adhérents animée par Michel-Édouard Leclerc qui a pris avec succès le relais de son père.

Une configuration qui a permis par exemple à Leclerc de prendre de vitesse son concurrent sur le développement des « Drive », dont l'initiative est venue du terrain et qui s'est propagée à toute allure sans que le « siège » ne soit à la manœuvre, mais simplement en appui !

Nous avons là un bel exemple de deux groupes faisant le même métier sur les mêmes marchés mais ayant suivi des trajets différents. Avec le recul, on peut considérer qu'il s'agit là de deux belles réussites.

Même si l'un, Carrefour, est devenu le deuxième distributeur mondial. Alors que l'autre ne s'est que plus modestement étendu hors de France (un choix dans lequel le modèle d'organisation a joué).

Sur le marché français, Carrefour rencontre, depuis quelques années, de grosses difficultés, alors que son concurrent l'a rattrapé et dépassé à l'été 2013. On peut donc légitimement s'interroger sur la part qui, dans cet écart de performance, revient à ses choix de fonctionnement.

Nul doute que Georges Plassat, nommé en avril 2012 à la tête d'un Groupe dont l'action a perdu 60 % de sa valeur depuis 2007, va s'employer à renverser la vapeur.

Un mot d'ordre semble prévaloir en France : retrouver les basiques du métier et redonner du pouvoir aux magasins. Comme le dit joliment Georges Plassat : « Sous les feuilles mortes, il y a des champignons. Tout l'enjeu, c'est de les trouver sans les écraser. » Un retour aux sources de l'organisation holistique ?

Figure 10 – La configuration de Leclerc

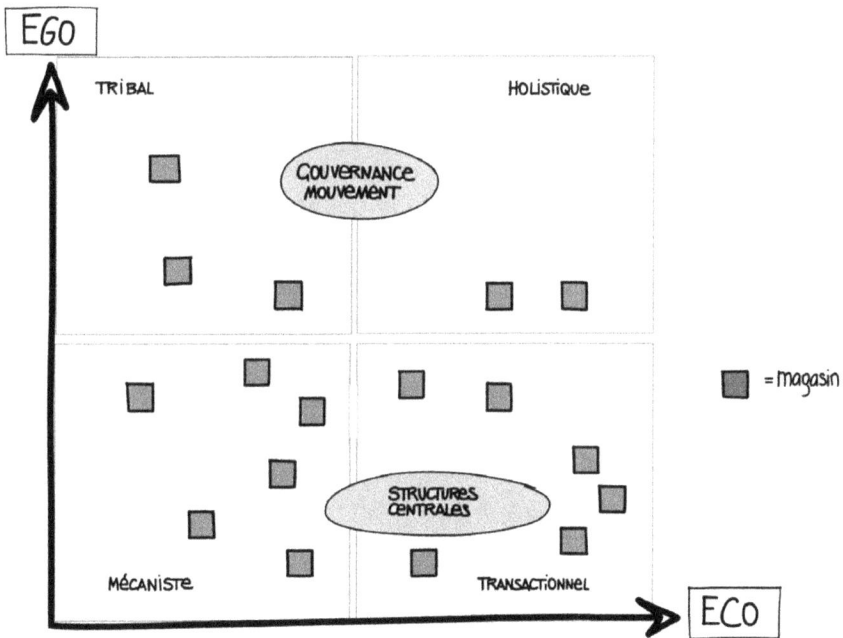

Courbe en U et cheminement vers l'autonomie

Au terme de notre petit voyage à travers les modes d'organisation, beaucoup de questions se posent, dont une fondamentale : l'entreprise, telle que nous la connaissons aujourd'hui, va-t-elle conserver ou retrouver sa double nature d'acteur économique et de communauté humaine ? Va-t-elle pour cela remonter dans la courbe en U que lui suggère l'histoire ?

Difficile de faire des généralités dans un monde aussi divers et foisonnant allant de l'artisan local ou de la start-up technologique au mastodonte mondial apatride. Et difficile aussi de détecter des tendances lourdes sous l'écume des modes et des incantations.

Certains dirigeants d'entreprises petites et moyennes se la posent et prennent des initiatives en ce sens. D'autres ne se la posent pas, ou pas encore, uniquement soucieux de parvenir sans encombre au terme de mandats, d'ailleurs de plus en plus courts et qui ne leur demandent rien sur ce plan.

D'autres enfin se la posent, mais renoncent à engager une transformation qu'ils pressentent risquée et dont ils ne récolteront pas les fruits. Mais nul doute que, dans les années qui viennent, il se trouvera deux ou trois « grands » patrons courageux et éclairés qui oseront s'y lancer et feront école.

Ils auront l'ambition d'amener leur entreprise à un stade supérieur d'autonomie sur la courbe en U. À travers un parcours finalement similaire à celui qu'emprunte, selon Vincent Lenhardt[1], tout individu dans son apprentissage personnel de l'autonomie. Un apprentissage progressif suivant un processus en « spirale croissante » passant, selon lui, par quatre phases se superposant assez bien à nos quatre modes d'organisation (fig. 11).

---

1. Vincent Lenhardt, *Les Responsables porteurs de sens,* Insep Consulting, 1992.

Figure 11 – Le cheminement personnel vers l'autonomie, d'après Vincent Lenhardt

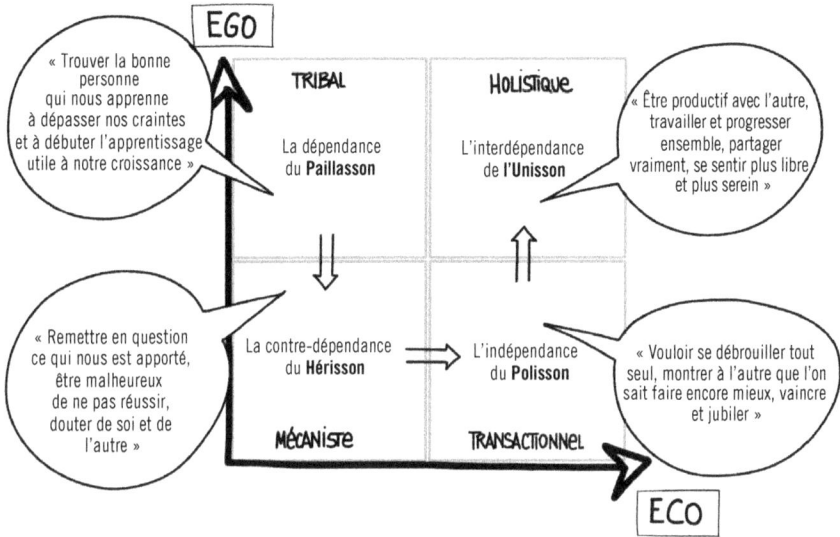

EGO

« Trouver la bonne personne qui nous apprenne à dépasser nos craintes et à débuter l'apprentissage utile à notre croissance »

TRIBAL

La dépendance du **Paillasson**

HOLISTIQUE

L'interdépendance de l'**Unisson**

« Être productif avec l'autre, travailler et progresser ensemble, partager vraiment, se sentir plus libre et plus serein »

« Remettre en question ce qui nous est apporté, être malheureux de ne pas réussir, douter de soi et de l'autre »

La contre-dépendance du **Hérisson**

L'indépendance du **Polisson**

MÉCANISTE

TRANSACTIONNEL

« Vouloir se débrouiller tout seul, montrer à l'autre que l'on sait faire encore mieux, vaincre et jubiler »

ECO

TROISIÈME PARTIE

Le « mix organisation »

« *Il est un chasseur heureux celui qui est sur une nouvelle piste* *mais n'a pas encore attrapé sa proie* »

Albert Jacquard

Une mode chasse l'autre ! Notre époque adore brûler ce qu'elle a d'abord encensé. Dans leur frénésie de sondages à tout-va, les médias nous convient en permanence à classer et à reclasser tout ce qui nous entoure : la personnalité préférée des Français, le « Top 10 » des événements de l'année, les villes où il fait bon vivre, les régimes qui font maigrir le plus rapidement, etc. Tout est vu sous l'angle de la compétition. L'important, c'est d'être le meilleur. Et d'éliminer, sans état d'âme, les autres, en oubliant qu'il n'y a un meilleur que s'il y a des moins bons !

Le fonctionnement de l'entreprise ne relève pas de ce genre de concours où un (on pourrait aussi dire une) mode d'organisation, réputé meilleur que les autres et plébiscité par le plus grand nombre, viendrait s'imposer à tous les autres. Nous avons vu plus haut que les quatre modes d'organisation de notre grille de lecture sont apparus et se sont succédé au fil du temps, sans que, dans une entreprise donnée, aucun n'ait complètement chassé le précédent. Ce qui, comme nous allons le voir, n'est d'ailleurs ni possible ni souhaitable.

Autrement dit, rien de spectaculaire à se mettre sous la dent ! Pas de buzz en perspective. Ce qui explique peut-être le peu d'intérêt suscité par le sujet hors de certaines circonstances, soit dramatiques, comme les suicides chez France Telecom ou chez Renault, soit ludiques, comme certaines expériences étonnantes d'auto-organisation relatées ici ou là.

Dans chaque entreprise coexistent donc, dans des proportions variables, plusieurs des quatre modes d'organisation, voire tous les quatre. Même s'il est possible d'y identifier dans la plupart des cas un mode dominant. Ce cocktail, fruit de ses métiers et de son histoire, lui est spécifique. Nous l'appellerons son « **mix organisation** ».

À défaut de grand soir en vue, intéressons-nous donc, dans cette troisième partie, à la manière dont ce mix influe sur la performance de l'entreprise.

Une cohabitation nécessaire

Dans le mix organisation, chacun des quatre modes apporte sa contribution, avec des points forts d'une part, points faibles et limites de l'autre. Essayons de les résumer.

Points faibles et contributions

L'organisation tribale

La tribu a l'inconvénient de dépendre excessivement de son chef, dont l'affaiblissement et, à plus forte raison, la disparition peuvent avoir un impact direct, rapide et fort sur son fonctionnement, voire sur son existence même.

Son peu d'intérêt pour ce qui se passe à l'extérieur et la myopie stratégique qui en découle peuvent lui jouer des tours. Par exemple, ne pas voir à temps les évolutions de ses marchés ou de la technologie. Avec le risque de développer des comportements malthusiens et d'entrer dans une dérive sectaire.

À l'inverse, la tribu offre souvent un environnement de travail agréable. Son fonctionnement génère un haut niveau d'engagement et de cohésion sociale qui peut s'avérer précieux dans des situations difficiles nécessitant une forte mobilisation collective.

L'organisation mécaniste

Ses faiblesses et limites sont connues et abondamment stigmatisées : inadaptation, sclérose, conservatisme, bureaucratie, aversion du risque, etc. Mais elle apporte aussi à l'entreprise, qui est un système sous contraintes extérieures fortes, l'ordre, la stabilité et la continuité dont elle a besoin dans certains domaines de son fonctionnement, et l'inertie qui amortit les chocs.

L'organisation transactionnelle

La grande force de l'organisation transactionnelle est son ouverture vers l'extérieur. Elle permet à l'entreprise d'être au fait et de tirer parti des évolutions intervenant dans tous les domaines servant sa performance économique : opportunités de business, stratégies des concurrents, innovations technologiques, idées, compétences, partenaires potentiels, etc.

Sa faiblesse corrélative est sa précarité. Pour deux séries de raisons :

• sa recherche de flexibilité conduit l'entreprise à se délester de toutes les activités qu'elle peut acheter à meilleur compte sur le marché. À travers des dispositifs rentables à court terme, mais qui peuvent compromettre l'avenir ;

• son orientation individualiste et purement économique favorise les comportements mercenaires et les jeux de pouvoir au détriment de l'intérêt général, affaiblit l'engagement et risque de transformer l'entreprise en un lieu inhospitalier.

L'organisation holistique

Ses deux principaux points forts sont, d'une part, de privilégier la performance collective et durable et, de l'autre, de créer un contexte de travail stimulant, favorisant épanouissement personnel et innovation.

Son point faible est que sa mise en place, laquelle implique de générer un haut niveau de confiance, prend du temps et qu'elle peut ne pas résister à des situations de crise appelant, du moins provisoirement, un leadership plus concentré. Pour bien fonctionner le moment venu, la possibilité de cette « respiration » doit être prévue, légitimée et réglementée dès l'origine.

Un autre point faible est qu'elle est plus difficile à installer dans de grandes structures.

On peut tirer de cette revue deux enseignements importants et complémentaires :

• **aucun mode d'organisation n'est viable seul.** Y compris, et peut-être même surtout, celui de l'organisation holistique. Nous y reviendrons ;

• **chaque mode d'organisation contribue à la performance.** Aucun n'est à négliger. Même le mode mécaniste si décrié apporte sa pierre. Et, comme on va le voir, elle est fondamentale.

Où trouver l'énergie

On demande beaucoup à l'entreprise. On lui demande même de plus en plus.

Les enjeux s'accumulent et sont tous « majeurs » : enjeux de productivité lui enjoignant de maintenir et d'améliorer encore et encore son rendement et « faire plus avec moins », enjeux de satisfaction de ses clients et autres parties prenantes, de plus en plus exigeants et volatils, enjeux de compétitivité lui demandant de tirer parti de toutes les ressources disponibles, et cela mieux et plus vite que les concurrents, y compris de nouveaux entrants que l'on n'a pas vus venir, enjeux de préparation de l'avenir, enjeux d'innovation, etc., etc.

Tout cela demande de l'**énergie**. Beaucoup d'énergie ! D'une part, pour faire tourner l'entreprise, en assurer le contrôle, la cohésion et la mobilisation, d'autre part, pour la faire évoluer à un rythme qui s'accélère. Énergie de fonctionnement et énergie de changement.

Où trouver cette énergie et comment en faire le meilleur usage ?

Un peu partout aujourd'hui, dans le bâtiment et ailleurs, nous prenons l'habitude d'établir, par souci d'économie et de préservation de l'environnement, des bilans énergétiques. Ce qui vaut pour une construction vaut aussi pour l'entreprise.

Notre modèle intègre cette dimension cruciale. On peut même considérer qu'elle en constitue le fondement et que la dialectique ECO/EGO définit un champ de forces auquel contribuent toutes les composantes de l'organisation.

Observés sous cet angle, les quatre modes d'organisation présentent de fortes spécificités, tant pour la nature et l'intensité de l'énergie qu'ils consomment et/ou génèrent que pour les sources internes ou externes qu'ils exploitent, ou encore pour les déperditions qu'ils occasionnent.

Le tableau ci-après (fig. 12) les résume.

Les bilans énergétiques apparaissent effectivement contrastés.

La tribu tire son énergie du fort engagement suscité par le chef, mais en dissipe une bonne partie en « feux affectifs » et conflits de personnes. Le mode transactionnel vit en grande partie du courant généré par la différence de potentiel entre l'externe et l'interne. Ce sont les clients, concurrents, offreurs de service... dont, en quelque sorte, il importe l'énergie. Quant à la mécanique, très gourmande en énergie parce que ses rouages sont inactifs et génèrent beaucoup de frottements, elle ne peut compter que sur l'énergie fossile emmagasinée (continuer à faire ce que l'on a toujours fait) et surtout sur l'énergie apportée par le chef. Une configuration qui est à comparer à celle de l'organisation holistique, dans laquelle l'énergie est générée par les multiples petits moteurs que sont les individus et équipes mettant en œuvre collectivement l'autonomie qu'on leur laisse.

Figure 12 – L'énergie

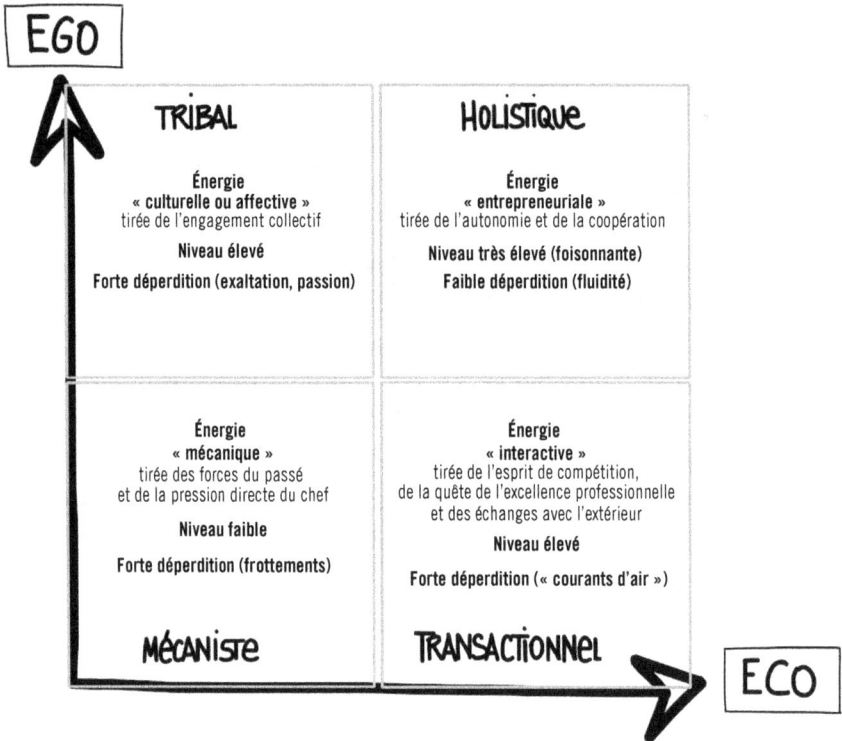

EGO

TRIBAL

Énergie
« culturelle ou affective »
tirée de l'engagement collectif

Niveau élevé

Forte déperdition (exaltation, passion)

HOLISTIQUE

Énergie
« entrepreneuriale »
tirée de l'autonomie et de la coopération

Niveau très élevé (foisonnante)

Faible déperdition (fluidité)

Énergie
« mécanique »
tirée des forces du passé
et de la pression directe du chef

Niveau faible

Forte déperdition (frottements)

Énergie
« interactive »
tirée de l'esprit de compétition,
de la quête de l'excellence professionnelle
et des échanges avec l'extérieur

Niveau élevé

Forte déperdition (« courants d'air »)

MÉCANISTE

TRANSACTIONNEL

ECO

Visualisation

Des microforces à positionner

Comment, concrètement, pour une entreprise donnée ou pour une de ses parties, représenter le mix organisation et prendre en compte la dimension énergie ? Nous allons pour cela utiliser le diagramme EGO/ECO.

Prenons, à titre d'exemple, le cas d'un centre de recherche (fig. 13), au moment où une nouvelle équipe de direction en prend la charge avec la mission de finaliser une fusion un peu chaotique et de redynamiser l'ensemble.

Ont été positionnés sur le diagramme un certain nombre d'éléments caractéristiques de son fonctionnement :

On trouve ces éléments dans les quatre modes d'organisation :

- dans le tribal : les équipes de chercheurs, réparties sur cinq sites et provenant d'organismes autrefois indépendants, chacune constituant une petite tribu repliée sur elle-même et enracinée localement, ainsi que l'organisme chargé de trouver les financements publics ;
- dans le mécaniste : le secrétariat général et les services administratifs, ainsi que les ressources humaines s'épuisant à gérer les subtilités des multiples statuts que l'on trouve dans le centre ;
- dans le transactionnel : la nouvelle direction scientifique, les services créés ou renforcés pour mieux gérer les ressources, valoriser la recherche et trouver des financements privés, tous dirigés par des gens recrutés à l'extérieur ;
- dans l'holistique : une vision de ce que devrait être le centre dans cinq ans, élaborée au cours d'un séminaire de direction, la communication externe ainsi que les trois antennes internationales, vivant leur vie, chacune de leur côté.

Il faut ajouter à cela un ensemble de projets dits de « modernisation » lancés par le siège avec l'appui de consultants externes. Certains sont pilotés par le siège et d'autres confiés à des sites.

Figure 13 – Exemple de diagramme EGO/ECO

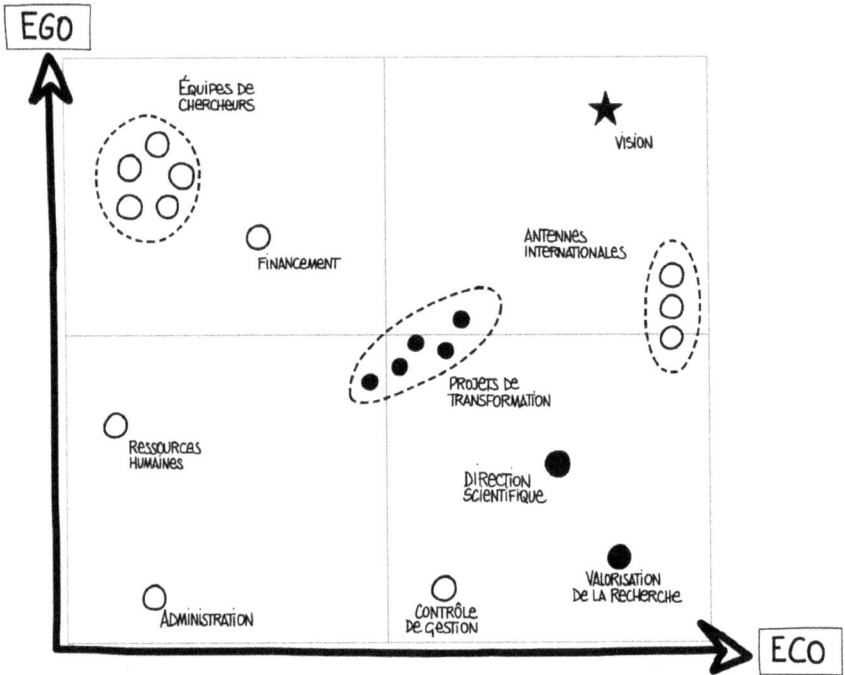

Certains de ces éléments sont anciens. D'autres (en noir), plus récents, correspondent à la mise en place de la nouvelle équipe de direction.

Tous ces éléments choisis pour caractériser le fonctionnement que nous voulons analyser, convenons de leur donner le nom générique de **« microforces »,** pour rappeler à tout instant que chacune est chargée d'énergie et contribue au champ de force global.

Ce concept de microforce, volontairement très ouvert, pourra, suivant les besoins, recouvrir des réalités très différentes. Dans le cas du centre de recherche ci-dessus, il s'agit essentiellement d'éléments de structure positionnés en fonction de leur mode de fonctionnement dominant. Mais il peut aussi s'agir, à d'autres moments et pour d'autres problématiques, de processus, de systèmes d'information, de valeurs, de comportements, de politiques, de pratiques de management, voire de dispositions physiques comme l'implantation des ateliers ou des bureaux, etc.

Avec la possibilité de mettre en relation des dimensions généralement traitées séparément : éléments tangibles (structures, processus, systèmes d'information, etc.) d'un côté et éléments intangibles (culture, valeurs, comportements, pratiques de management…) de l'autre. Des choux et des carottes, mais que l'on peut ici cuisiner ensemble…

Les 40 rubriques utilisées dans la deuxième partie pour comparer les modes d'organisation entre eux, sont des exemples de microforces.

On choisira les microforces en fonction de l'entité analysée (l'entreprise tout entière ou un de ses sous-ensembles) et de la problématique générale ou particulière à laquelle on va s'intéresser.

Outre la pertinence de leur choix se posent à ce stade deux questions : combien en faut-il ? Et quelle est la bonne maille ?

Pas de règle en ce qui concerne leur nombre, mais avec une limite pratique d'une vingtaine pour préserver la lisibilité du diagramme. Quant au niveau de détail, il est lui aussi laissé à l'appréciation de l'analyste. En rappelant ici la règle d'or consistant à toujours aller du général au particulier et non l'inverse, c'est-à-dire partir des microforces les plus globales possibles pour ne zoomer ensuite que sur ce qui appelle un niveau de détail plus fin.

Dans la pratique, la construction ou la validation d'un profil EGO/ECO se fait en réunion. Et le besoin d'approfondissement vient majoritairement de désaccords entre les participants sur le positionnement de certaines microforces. L'exploration des raisons de ces désaccords est d'ailleurs toujours très instructive. Ne serait-ce que parce qu'elle permet de faire le tri entre le fond des appréciations et leur formulation.

À un moment, nous avons pensé judicieux, pour limiter les divergences d'appréciation, de passer, pour chacune des microforces retenues, par une étape de graduation plus fine, en quatre positions, de chacun des deux axes du diagramme la concernant. À l'usage, cette précision s'est rapidement avérée inutile et même apportait une complication supplémentaire. Une petite dérive typique de la tentation permanente de revenir, probablement pour se rassurer, à l'approche analytique.

À chaque entreprise son profil

Le diagramme ECO/EGO dessiné par les microforces sélectionnées et dûment positionnées, donne une représentation de la manière dont se combinent les quatre modes de fonctionnement. Il décrit en quelque sorte le profil de l'entreprise.

Figure 14 – Le profil EGO/ECO

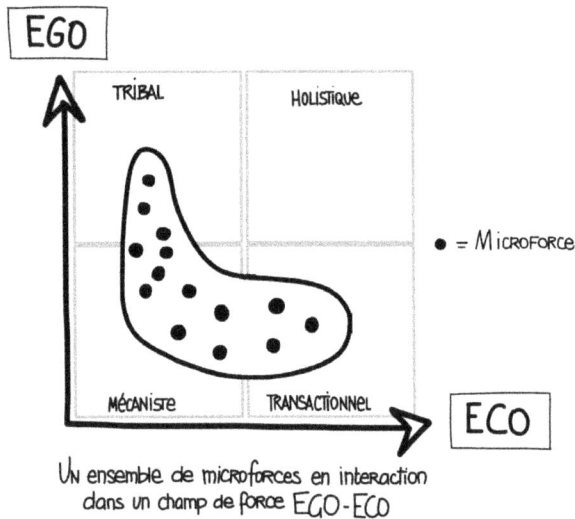

Un ensemble de microforces en interaction
dans un champ de force EGO-ECO

Ce profil est évidemment spécifique et ne vaut que pour tout ou partie d'une entreprise donnée, et à un moment donné.

On peut néanmoins s'interroger sur ce que l'on pourrait appeler sa qualité intrinsèque. Autrement dit, peut-on considérer qu'il y a de bons et de mauvais profils ?

Trois critères sont à prendre en compte :

- le « bilan énergétique » du profil. Comme on l'a vu, l'entreprise peut être vue comme un champ de forces tirant son énergie d'une variété de sources. Pour une microforce donnée, l'intensité de cette énergie se mesure à la distance de sa position par rapport à l'origine des axes du diagramme. Intensité et sources de l'énergie fournissent une première indication de performance. Car avant de vouloir manœuvrer le bateau et indépendamment de là où l'on veut aller et des conditions de mer, il n'est pas inutile de s'assurer qu'il a un moteur, des voiles, ou, *a minima* des rames... Et que ces moyens de propulsion sont en état ;

- sa cohérence. Ou plutôt ses incohérences et la nature de celles-ci. Car comme on l'a vu plus haut, le profil d'une entreprise qui « a vécu » n'est jamais homogène et cohérent, et il est hors de portée de vouloir le rendre cohérent. Ce qu'il faut, c'est identifier les incohérences qui handicapent son fonctionnement pour pouvoir les atténuer. Car il y a des positions de microforces qui cohabitent mal et sont source de déséquilibres et de tensions négatives ;

- et, bien entendu, son adaptation aux enjeux de performance et de compétitivité auxquels l'entreprise est confrontée.

Profils à problèmes

Avant de s'interroger sur les bonnes pratiques, essayons d'identifier les profils qui peuvent poser problème. En voici quelques exemples :

Le profil « introverti »

Ce profil était autrefois très courant, en particulier en France. C'était celui de la plupart des grandes entreprises nationales publiques ou dont les racines le sont. (SNCF, Usinor, France Telecom, BNP, UAP, Renault, etc.). Elles avaient toutes conservé, en dépit de leur taille et de leur évolution vers le mode mécaniste, un aspect tribal fort, ancré dans leurs missions de service public. Son handicap est son insuffisante ouverture vers l'extérieur.

Le profil « en croissant »

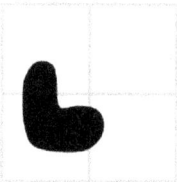

C'est le profil précédent qui s'est enrichi d'une dimension transactionnelle en s'ouvrant à l'extérieur pour mieux prendre en compte les clients et les concurrents et se développer à l'international tout en conservant son fond tribal. Mais les trois modes n'y cohabitent pas forcément très bien ! Surtout si, comme on l'a vu dans un des groupes cités plus haut, on mute, par exemple, sans précaution des employés recrutés et élevés dans un esprit tribal d'excellence technique et de service public, sur des plates-formes téléphoniques, quintessence de l'organisation transactionnelle. Il est vrai que ces transferts osés et voués à l'échec étaient probablement, dans le cas précis, faits en connaissance de cause pour pousser les employés en question, en surnombre, à partir.

Le profil « froid »

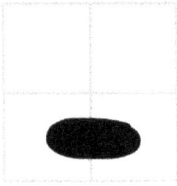

C'est le profil précédent dans lequel la dimension tribale a fini par disparaître. Il marie mode mécaniste et mode transactionnel, qui ont en commun de faire plus confiance aux machines et aux systèmes qu'aux hommes. On le trouve dans la plupart des grandes entreprises internationales, les « *world companies* » brocardées par les humoristes. Nous en avons largement évoqué les faiblesses et les dérives.

Le profil « en os à moelle »

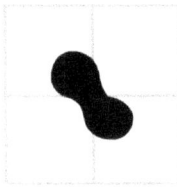

Profil assez classique, notamment dans des PME industrielles, dans lequel se juxtaposent deux univers mal reliés entre eux, typiquement un siège et une usine à dominantes tribales et où il fait bon vivre, et un réseau commercial mercenaire en mode transactionnel.

Le profil « en têtard »

C'est le précédent en pire, dans lequel l'ouverture vers l'extérieur et la réactivité sont en quelque sorte déléguées à une structure spécialisée (une direction marketing ou une DSI, par exemple), alors que la dominante de fonctionnement est soit tribale, soit mécaniste, soit les deux, donc tournée vers l'intérieur. Inutile de dire que la structure en question, porteuse de mauvaises nouvelles de l'extérieur, vit sous une pression insupportable, et que ce genre de profil ne survit en général pas très longtemps.

Le profil « en archipel »

Il se présente sous forme d'un patchwork d'éléments disparates appartenant aux quatre modes d'organisation. Sa cohérence n'apparaît pas au premier coup d'œil, même si globalement une dominante est identifiable. À l'inverse du précédent, ce type de profil n'est pas rare. Il est typique d'organisations résultant de fusions ou de restructurations mal digérées, comme dans l'exemple du centre de recherches évoqué plus haut.

Notons au passage la difficile cohabitation entre organisation tribale et organisation transactionnelle, illustrée par l'anecdote vécue des deux Jean.

Les deux Jean

Ma mission : aider le président d'un grand groupe de services à améliorer le fonctionnement de son comité de direction. Le cahier des charges est simple : « Vous allez voir, les gens autour de la table sont tous de qualité et j'ai pleine confiance en eux. Mais on n'arrive pas à bien travailler ensemble. Voyez-les tous et proposez-nous des solutions. »

Les entretiens individuels se passent plutôt bien, tous ayant vraiment envie que cela se passe mieux. Là où leurs avis et suggestions diffèrent, c'est sur les leviers à utiliser. Un de ces leviers, classique et en amont du fonctionnement proprement dit des réunions, est de vérifier que la position de chaque participant dans la structure du groupe soit suffisamment claire. De manière à ce qu'ils aient tous une vision partagée d'où ils se parlent et de ce qu'ils représentent. Pour éviter que les débats ne soient pollués par des querelles d'attributions ou de territoires.

Le plus en pointe sur le sujet est Jean, l'un des deux vice-présidents du groupe. Récemment recruté par le président dans la perspective, non dissimulée, de prendre sa succession, il considère qu'il s'agit là d'un préalable incontournable.

Un avis que ne partage absolument pas un autre Jean, DRH du groupe, vieux compagnon du président, fidèle parmi les fidèles, à ses côtés depuis la création.

Pour lui, ce n'est pas un sujet.

Ayant terminé mon tour de piste, je fais un point d'avancement avec le président et lui fait part de cette difficulté prévisible. Il la note mais ne souhaite pas intervenir. « Présentez, avec toute votre neutralité de consultant, vos observations et vos suggestions lors de la prochaine réunion. Nous verrons bien comment ça se passera… »

Et l'on a vu ! Le sujet à peine abordé, les deux Jean sont montés au créneau. Le vice-président pour expliquer que, pour être efficace, il avait absolument besoin de savoir précisément et par écrit ce que l'on attendait de lui. Le DRH pour rétorquer, avec beaucoup de véhémence et d'émotion non feinte, que jamais il n'accepterait que son engagement passe par la rédaction d'un papier comme celui-ci, qu'il considérera cela comme un manque de confiance et que le jour où on le lui demandera, il s'en ira.

Bel exemple d'incompréhension entre deux purs produits de modes d'organisation peu compatibles.

Le fin mot de l'histoire : un président surpris par la violence de l'échange et qui se garde de prendre parti à chaud. Et qui, finalement, n'a pas eu besoin d'arbitrer, son vice-président ayant peu de temps après décidé de quitter la société dans laquelle, disait-il, il aurait du mal à trouver ses marques. Pour faire, comme la suite l'a montré, une très belle carrière ailleurs, dans un univers qui lui correspondait bien mieux.

Quant à son successeur, il finit par le choisir à l'intérieur, en sautant, comme il se doit, une génération…

Stratégies de transformation

On change le fonctionnement d'une entreprise en agissant sur une ou plusieurs microforces. Ce faisant, même si c'est de manière ciblée ou locale, on modifie le champ de forces global dans lequel elles opèrent.

Il s'agit de sélectionner ces microforces puis de définir la manière, directe ou indirecte, de « jouer » avec elles : les activer, les déplacer, les laisser à l'œuvre ou les réguler, les articuler entre elles, etc.

On entre ici dans des considérations opérationnelles que ce livre n'aborde pas.

Signalons simplement, à ce stade, que pour chaque microforce traitée devront être pris en compte deux caractéristiques complémentaires importantes :

- sa capacité d'**influence** : les microforces ne sont pas isolées. Chacune est plus ou moins dépendante des autres et, à l'inverse, chacune a plus ou moins d'impact sur les autres.

- son « **engluement** » : toute microforce génère, comme nous l'avons vu, une énergie au service du fonctionnement de l'organisation. Mais si l'on cherche à la déplacer, elle va aussi générer une énergie négative de résistance au changement qui va être plus ou moins contraignante, voire rédhibitoire.

Influence et engluement sont des paramètres essentiels dans le choix des microforces sur lesquelles agir en priorité parce qu'elles vont constituer des leviers de changement. Ils peuvent conduire à des choix contre-intuitifs privilégiant des microforces influentes et peu engluées, donc avec un bon rendement énergétique, sur d'autres jugées plus importantes mais difficiles à actionner.

Ainsi renseigné, on voit comment le diagramme ECO/EGO va enrichir la réflexion pour bâtir des stratégies de transformation du mix organisation pertinentes **à la fois** par rapport à la configuration dont on part et par rapport à celle vers laquelle on veut aller.

Bonnes pratiques

Le profil diagonal

Si, comme on vient de le voir, les modes tribal et transactionnel ont en général du mal à cohabiter, car ils sont trop différents pour être complémentaires, il en va différemment sur l'autre diagonale du diagramme EGO/ECO, laquelle va du mode mécanique au mode holistique. Cette diagonale est intéressante car on peut considérer qu'elle représente un sens de progrès : plus on se déplace le long d'elle, plus on développe d'énergie, de réactivité *et* d'engagement. La limite étant, comme nous l'avons vu, que le mode holistique ne peut vivre seul. Il ne peut s'installer et prospérer que dans le cadre d'un ordre, et cet ordre, c'est le mode mécanique qui va le lui fournir. D'où l'idée d'un « bon » profil de référence combinant mécanique et holistique avec une loi de composition simple (du moins à énoncer) : le minimum nécessaire de mécanique et le maximum possible d'holistique (fig. 15).

Figure 15 – Le profil diagonal

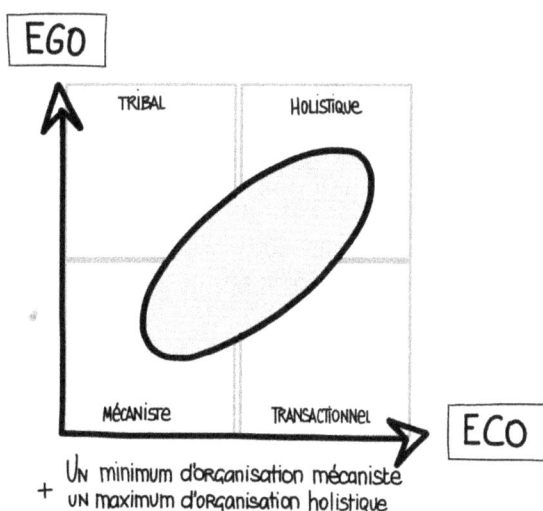

On retrouve ici, sous une autre forme, la notion de complémentarité entre zones rouge et verte d'une organisation, développée dans un précédent ouvrage[1] (fig. 16) :

- la zone rouge correspond à l'organisation mécaniste. Elle privilégie la **coordination**, c'est-à-dire des relations de travail régies par les processus et les systèmes et faisant appel à la discipline ;
- la zone verte correspond à l'organisation holistique. Elle privilégie la **coopération**, c'est-à-dire des relations de travail régies par l'ajustement mutuel entre individus et relève de l'initiative individuelle.

Figure 16 – Zones rouge et verte de l'organisation

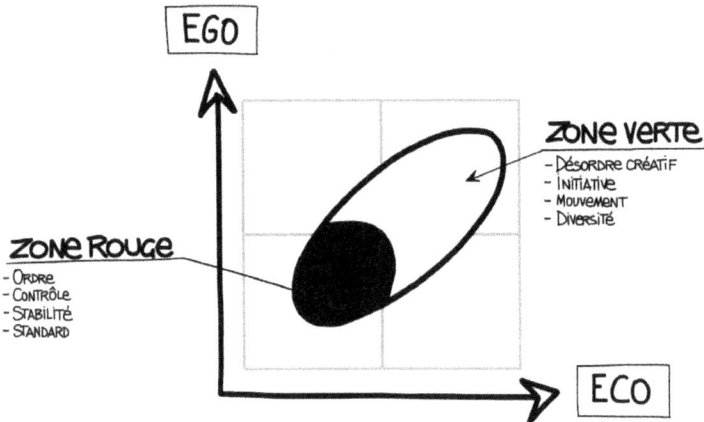

On retrouve cette référence à un profil diagonal sous d'autres formes chez plusieurs auteurs.

Dès 1998, Rajat Gupta[2], ancien CEO de McKinsey, souligne la nécessité croissante pour les entreprises de combiner les aspects : « *market-determined* » et « *hierarchy-determined* », pour dessiner des organisations alliant esprit d'entreprise et coordination.

---

1. Jacques Jochem, *Faire bouger votre entreprise, ce n'est pas plus difficile que ça, op. cit.,* p. 57-65.
2. Rajat Gupta : « A case for corporate freedom », *The McKinsey Quarterly* n° 3, 1998.

Chub A. O'Rully et Michael L. Tushman[1] postulent, quant à eux, que l'entreprise doit, pour être efficace, intégrer dans son fonctionnement deux aspects complémentaires : l'« *exploitation* », tournée vers le passé, et l'« *exploration* », tournée vers le futur. Une dualité qu'ils symbolisent par le dieu romain à double visage Janus.

Plus récemment, d'autres auteurs comme John Kotter[2] ou Rod Collins[3] en sont venus eux aussi à suggérer aux grandes entreprises traditionnelles désireuses d'évoluer vers des organisations plus agiles d'adopter un profil mixte :

• soit en mettant en place un « *dual operating system* » (Kotter) croisant la structure hiérarchique traditionnelle avec un « *strategic network* » chargé d'imaginer et de cocréer le futur. Les deux systèmes sont juxtaposés et n'ont en commun que les managers et employés du premier contribuant au second, en principe sur la base du volontariat. C'est en quelque sorte un dispositif de pilotage stratégique et de transformation fonctionnant en régime permanent ;

• soit en construisant un « *self-contained network inside the larger hierarchy* » (Collins), une organisation hybride favorisant un « *network-based management with peer-based accountability* ». Ici, le réseau fonctionne à l'intérieur du cadre hiérarchique, tout en étant supposé l'influencer. Ce qui va nécessiter un réglage fin au niveau des microforces : lesquelles positionner d'un côté et de l'autre ? Comment les faire migrer ? Comment les mettre en relation ?

« 2020 sous les saules »

Romain Limouzin, élève à l'École des ponts Paris Tech, a remporté, en 2009, le prix de « l'Entreprise 2020 » organisé par l'Institut de l'entreprise en partenariat avec *Les Échos*. Son essai d'une dizaine de pages, *2020 sous les saules,* est tout à fait remarquable, tant sur le fond que sur la forme.

En voici un extrait dans lequel il fait référence à notre fable nationale du chêne et du roseau.

---

1. Chub A. O'Rully et Michael L. Tushman, « The Ambidextrous Organization », *Harvard Business Review*, avril 2004.
2. John Kotter : « Accelerate » : article de la *Harvard Business Review* de novembre 2012 développé dans un livre éponyme paru début 2014 chez HBR Press.
3. Rod Collins, *Wiki Management*, Amacom, 2014.

D'abord pour prendre la défense du chêne : « Oui, nous érigeons des roseaux. Nous prévenons le risque, nous prônons la flexibilité, nous jouons les girouettes, nous nous prosternons sans fierté sous le jeu des brises les plus anodines du moment que l'on peut en tirer un bénéfice. S'il faut changer de stratégie, licencier, délocaliser, qu'à cela ne tienne. Notre vision s'arrête à quelques pas de notre assise. Qu'en est-il du chêne ? Emblème de force et de sagesse, menacé par les bourrasques de la crise mais emblème d'un honneur qui seul est admirable dans la tourmente. Un arbre qui a ses valeurs, qui n'inclinera pas le front de ses principes sociaux ni de ses valeurs éthiques, qui taillera le dividende pour épargner les branches. Une plante dont les projets et les convictions ne se coucheront pas face à la concurrence ou aux sursauts de la conjoncture. »

Puis pour, un peu plus loin, dépasser l'opposition manichéenne entre les deux végétaux et filer la métaphore du saule pleureur censé combiner les vertus des deux : « Un tronc robuste, et une multitude de rameaux, à la fois libres et ancrés. Une adaptabilité autour d'une structure centrale. Un champ des possibles démultiplié autour de valeurs et d'objectifs solides. Un foisonnement d'entités assimilables à des petites entreprises parallèles, reliées entre elles et qui constitueront la grande entreprise, chacune assurant sa contribution. Une vision, un esprit, des contributeurs. Le Saule pleureur, voilà la forme de l'entreprise de l'an 2020, qui n'a de tristesse que dans le nom. Une structure qui donnerait plus d'indépendance à chacun. »

On ne saurait mieux parler du profil diagonal !

Il s'agit, dans tous les cas, non pas de faire basculer l'entreprise d'un mode d'organisation à un autre, ce qui est totalement hors de portée, mais, plus modestement, de faire évoluer son « mix organisation » en cherchant à le rapprocher du profil diagonal, avec quelques bonnes pratiques comme :

- veiller à ce que le profil comporte une zone mécaniste, que celle-ci soit bien calibrée et la plus réduite possible. C'est la quille du bateau. Il s'agit d'un préalable indispensable car, paradoxalement, **pour installer de l'initiative il faut commencer par travailler sur l'ordre** ;
- créer, partout où c'est possible compte tenu des contraintes propres à l'entreprise comme ses métiers, son histoire et ses ressources, les conditions de l'installation de poches d'organisation holistique. Les protéger et les connecter ;
- se prémunir contre les excès des modes tribal et transactionnel et des risques inhérents à leur cohabitation. Mais les utiliser autant que nécessaire pour soit mieux traverser des situations demandant un surcroît de cohésion sociale, soit stimuler le changement.

Revisiter McGregor ?

Psycho-sociologue américain, Douglas McGregor (1906-1964) formule en 1960, ses fameuses théories X et Y sur l'homme au travail[1].

Douglas McGregor : théories X et Y

Théorie X

1. L'individu moyen éprouve une aversion innée pour le travail, qu'il fera tout pour éviter.

2. À cause de cette aversion caractéristique à l'égard du travail, les individus doivent être contraints, contrôlés, dirigés, menacés de sanctions, si l'on veut qu'ils fournissent les efforts nécessaires à la réalisation des objectifs de l'organisation.

3. L'individu moyen préfère être dirigé, désire éviter les responsabilités, a relativement peu d'ambition, recherche la sécurité avant tout.

Théorie Y

1. La dépense d'effort physique et mental dans le travail est aussi naturelle que le jeu et le repos. L'individu moyen n'éprouve pas d'aversion innée pour le travail. Dans certaines conditions, le travail peut être une source de satisfaction (et sera volontairement accompli) ou une source de sanction (et sera évité si possible).

2. Le contrôle externe et la menace de sanction ne sont pas les seuls moyens pour obtenir un effort dirigé vers des objectifs. L'homme peut se diriger et se contrôler lui-même lorsqu'il travaille pour des objectifs envers lesquels il se sent responsable.

3. La responsabilité envers certains objectifs existe en fonction des récompenses associées à leur réalisation. La plus importante de ces récompenses, c'est-à-dire la satisfaction de l'ego et du besoin de réalisation de soi, peut s'obtenir directement par l'effort dirigé vers les objectifs.

4. L'individu moyen apprend, dans les conditions voulues, non seulement à accepter, mais à rechercher les responsabilités. Le fait d'éviter les responsabilités, le manque d'ambition, l'importance conférée à la sécurité sont généralement les conséquences de l'expérience et non pas des caractéristiques innées de l'être humain.

---

1. Douglas McGregor, *The Human Side of Enterprise*, McGraw-Hill, 1960.

5. Les ressources relativement élevées d'imagination, d'ingéniosité et de créativité pour résoudre les problèmes organisationnels sont largement et non pas étroitement distribuées dans la population.

6. Dans les conditions de la vie industrielle moderne, le potentiel intellectuel de l'individu moyen n'est que partiellement employé.

Ces deux théories opposées, issues d'observations empiriques, sont le reflet de choix sociétaux plus larges comme émancipation contre oppression, démocratie contre autoritarisme, etc. Elles sont, depuis lors, régulièrement évoquées lorsqu'on aborde le sujet de l'organisation et du management des entreprises. Un rituel auquel nous allons sacrifier nous aussi.

Pour constater que l'idéologie dominante actuelle est celle de la théorie X, laquelle imprègne de fait les deux modes mécaniste et transactionnel. Ce qui fait dire parfois que l'entreprise est le dernier bastion soviétique !

J'ignore si les hommes d'entreprise sont naturellement X *ou* Y. Mais ce qui est sûr, c'est que suivant l'organisation dans laquelle on les met, on va renforcer l'une ou l'autre de ces deux tendances et, à la longue, sélectionner ceux qui la portent, et donc, à travers cette prophétie autoréalisatrice, se trouver conforté dans son choix.

Dans l'organisation holistique, on part au contraire d'une vision plus optimiste de l'homme en pariant sur la possibilité qu'il puisse se comporter en Y. Au fond, il s'agit de mettre les deux volets distingués par McGregor en dialectique : le X comme choix de départ et le Y comme choix par défaut. En refusant que ce soit au nom des X que l'on renonce à donner aux Y une chance de mieux se développer.

Ce qu'a fait Favi qui affirme, dans le préambule de son « Manuel de productivité » de 1997, après avoir fait la liste de toutes les mesures qui ont été prises pour faire évoluer le fonctionnement de l'entreprise : « Ce que nous avons fait, ce n'est pas par bonté, altruisme, ou tout autre sentiment de générosité, mais tout simplement par volonté constante et cohérente d'instaurer une démarche irréversible de productivité. Il s'avère que toutes ces mesures vont dans le sens de l'ouverture vers l'autre et du respect de l'autre. Tant mieux. Au système classique de management des hommes par des lois, des règlements et des sanctions, nous avons préféré, dans un pur souci d'efficacité, défricher la voie d'un mode de fonctionnement où le sérieux et la vertu de chacun garantissent l'harmonie et l'intérêt de tous.

La discipline d'obéissance s'est ainsi effacée devant la discipline de respon-sabilité et de loyauté à la collectivité. » Un choix confirmé par son succes-seur à la tête de l'entreprise : « L'entreprise classique part du postulat que l'homme est mauvais. Chez Favi on considère au contraire que l'homme est bon[1]. »

La stratégie du « vide contrôlé »

La stratégie du « vide contrôlé » est le style de management emblématique d'un fonctionnement de type diagonal.

Elle réconcilie deux stratégies opposées :

- celle du « plein », le *yang* de la philosophie chinoise, dans laquelle le chef dirige et contrôle tout en ne laissant aucun espace d'initiative ou de par-ticipation à ses collaborateurs ;

- celle du « vide », le *ying* de la philosophie chinoise, dans laquelle, au contraire, le chef met entre parenthèses ses droits et ses pouvoirs en ouvrant à ses collaborateurs des espaces de liberté et donc d'initiative et d'engagement.

En la pratiquant, le chef se met volontairement, chaque fois qu'il le peut, en retrait pour créer du vide, mais en conservant le contrôle, prêt à le rem-plir et à reprendre son rôle en cas d'absence d'initiative, de défaillance ou d'erreur grave qu'il ne peut laisser passer.

Et il a tout loisir pour moduler ce dosage du vide et du plein en fonc-tion du niveau de compétence de chacun de ses collaborateurs et de la confiance qu'il leur porte. Avec ce qu'il faut de « déséquilibre avant » pour qu'ils progressent.

C'est la méthode qu'utilisent aussi, spontanément, deux parents pour apprendre à marcher à leur enfant. Ils se placent à distance l'un de l'autre. Le premier met l'enfant sur ses pieds puis le lâche. Celui-ci s'essaie alors à faire quelques pas avant d'être rattrapé par l'autre. On voit que le choix de la distance entre eux est primordial. Car c'est lui qui ouvre l'espace

---

1. Dominique Verlant, *Le Parisien* « *Économie* » du 10 avril 2012.

d'apprentissage à l'enfant : si elle est trop courte, l'enfant n'apprend pas, et si elle est trop grande, l'enfant tombe, et, après quelques essais, renonce. Et donc n'apprend pas non plus.

C'est aussi la stratégie qu'a employée Jean-François Zobrist le jour où il s'est engagé dans la transformation en profondeur du fonctionnement de Favi en prenant le risque de supprimer les grandes directions de fonctions monopolistiques qui faisaient obstacle au changement, sans savoir par quoi les remplacer. Comme l'ont fait aussi de leur côté Chris Rufer chez Morning Star, Alexandre Gérard chez Chronoflex et Tony Hsieh chez Zappos.

Beaux exemples de création d'un vide salutaire porteur de changement et d'innovation. Il est vrai que Jean-François Zobrist est probablement le champion toutes catégories de la stratégie du vide contrôlé, capable, d'une part, de prendre ce genre de décisions courageuses et fortes et, de l'autre, de rester le plus en retrait possible. Ce qui l'autorise à répéter à l'envi, mais avec un petit sourire, qu'il ne servait à rien dans son entreprise !

Jean-Christian Fauvet affectionnait d'expliquer cette stratégie à ses auditoires galonnés et de les inciter à la pratiquer sans modération. Il leur lançait, provocateur : « Messieurs, soyez insuffisants… pour laisser à vos collaborateurs une chance de s'engager et de grandir ! » Sourires crispés dans la salle.

Conclusion

Les vingt-cinq années qui se sont écoulées depuis la genèse de notre grille de lecture ne lui ont laissé aucune ride. Et pourtant, l'intuition sur laquelle elle repose date d'avant l'Internet, autrement dit de l'âge de pierre ! Mais Internet lui a fourni le contexte culturel et les outils dont elle avait besoin pour donner sa pleine mesure.

Elle permet de porter un regard nouveau sur le fonctionnement de nos entreprises, en particulier sur l'enjeu du développement de l'autonomie des hommes et des organisations. Pourquoi est-il d'actualité ? Quel en est l'intérêt ? Qui est concerné ? Jusqu'où aller ? Va-t-on d'ailleurs, à long terme, pouvoir y échapper ?

Elle montre que l'organisation holistique à la base de ce développement est un mode de fonctionnement à part entière allant au-delà d'une simple collection de bonnes pratiques dans laquelle on peut puiser. Elle met en évidence aussi que ce mode de fonctionnement, aussi séduisant soit-il, ne peut exister seul et que l'on doit l'appréhender en relation avec les trois autres modes de fonctionnement avec lesquels il va devoir cohabiter dans une configuration à optimiser.

Son originalité vient du fait qu'elle :

- intègre le concept d'énergie, fondamental pour comprendre le fonctionnement d'une organisation dans la perspective de le faire évoluer ;
- permet d'appréhender et de traiter conjointement les composantes tangibles (structures, processus, systèmes d'information, etc.) et intangibles (culture, valeurs, comportements, pratiques de management, etc.) dudit fonctionnement, généralement traitées séparément ;
- est utilisable à tous les niveaux de l'organisation, de la gouvernance d'un groupe jusqu'au fonctionnement au quotidien d'unités opérationnelles ou de service.

Elle n'a pas vocation à se substituer aux approches classiques, mais à les éclairer et à les compléter, notamment dans la perspective de bâtir des stratégies de changement et de transformation plus pertinentes et plus réalistes.

Elle nous amène aussi à nous interroger sur le devenir du concept même d'entreprise.

Dans la dialectique EGO/ECO, l'entreprise est supposée avoir un dedans et un dehors. Or, cette distinction fondamentale a beaucoup évolué ces dernières décennies et continue à évoluer. Aux entreprises-forteresses pour lesquelles la distinction était sans ambiguïté se sont substituées des entreprises-réseaux « ouvertes » ou « sans frontières » aux configurations beaucoup plus complexes. Dans leur quête constante de légèreté et d'agilité, celles-ci s'attachent à redéfinir leurs cœurs de métier pour se délester d'une grande partie de leurs activités propres, et à variabiliser autant qu'il est possible la force de travail résiduelle.

Elles tendent à devenir ce que l'Anglais Charles Handy[1] appelait des « *Shamrock Organisations* », des organisations en trèfle, avec :

• un noyau d'associés portant le projet de l'entreprise (en principe à long terme, mais pas forcément), fortement impliqués, parfois eux-mêmes actionnaires. Ce sont eux qui définissent le métier de l'entreprise, son business model et sa configuration. Leur rétribution est directement reliée à la performance de l'entreprise ;

• un ensemble de professionnels et d'organisations spécialisées, souvent petites, ayant avec l'entreprise une relation contractuelle sur une base permanente ou de projet par projet. Leur rémunération n'est pas liée à la performance de l'entreprise mais aux prestations fournies ;

• une force de travail d'appoint contingente, variant avec les besoins, constituée d'employés ne faisant pas carrière dans l'entreprise et payés au temps passé.

Un schéma qui peut prendre une infinité de formes et qui peut même aller jusqu'à « embarquer » dans le projet de l'entreprise la communauté de ses clients.

Il semble bien accepté, du moins au début, dans des entreprises qui, comme Google ou Amazon, l'affichent dans leur configuration de départ et l'assument. Mais le mettre en place dans des entreprises « installées » est beaucoup plus difficile et prend du temps, parce que cela suppose d'exclure de la communauté et de précariser de vieux serviteurs.

---

1. Charles Handy, *The Age of Unreason,* Arrow Business Books, 1989.

Mais dans les deux cas, ces entreprises éclatées et à plusieurs vitesses rencontrent, pour prix de leur surcroît d'agilité, une double difficulté :

- réussir à faire coopérer efficacement des gens dont le niveau d'implication va de très fort à nul, et qui n'ont pas le même degré de précarité. Même si, dans les nouvelles générations arrivant sur le marché du travail, on observe qu'un nombre croissant d'entre eux intègrent et même positivent cette fatalité car ils ont moins d'illusions que leurs aînés sur ce qu'ils sont en droit d'attendre d'une entreprise ;
- réussir à prélever, à travers leurs configurations complexes et changeantes, et en concurrence avec les autres parties prenantes, leur juste part du résultat « collectif » généré.

En poussant trop loin ces nouvelles logiques, l'entreprise risque d'y laisser beaucoup de sa puissance.

Elle va devoir se battre notamment, et en permanence, avec les réseaux professionnels dans lesquels les talents qu'elle cherche à attirer dans son orbite font prioritairement carrière. Car ceux-ci vont naturellement privilégier l'intérêt à long terme qu'ils trouvent dans ces réseaux sur leur présence, provisoire, dans une entreprise donnée.

Elle risque même, à trop vouloir fonctionner dans des dispositifs contractuels froids et précaires, de, en quelque sorte, se diluer dans l'ECO et d'y perdre sa légitimité. Car les coûts de transaction que nécessite son fonctionnement interne, en principe inférieurs à ceux que l'on trouve à l'extérieur, vont finir par rattraper ceux du marché.

Et finalement d'y perdre aussi et surtout son âme.

D'où son ardente obligation à régénérer un EGO qu'elle a laissé dangereusement péricliter.

Annexes

Le programme
« Management global » :
genèse et documentation

Le modèle que propose ce livre est issu d'un programme de développement baptisé « Management global[1]» (global au sens de la totalité et non du globe), initié chez Bossard Consultants il y a un quart de siècle ! J'en étais à l'époque un des *seniors partners*, en charge de l'activité Management et Organisation. Jean-Christian Fauvet, qui est le père de l'approche, était de son côté l'inspirateur de Bossard Institut, l'unité chargée de développer et de mettre en œuvre les concepts et outils de la « Sociodynamique », le corps de doctrine qu'il développait depuis de nombreuses années déjà au sein du cabinet.

Je connaissais et appréciais Jean-Christian, lequel me sollicitait régulièrement pour m'entretenir, à bâtons rompus, de ses nouvelles idées. Et Dieu sait s'il en avait !

L'une d'entre elles l'excitait tout particulièrement. Elle consistait à représenter d'une façon originale le fonctionnement d'une organisation dans un référentiel basé sur la dialectique du Un et du Multiple chère à Edgar Morin dont il se disait le disciple. Il s'agissait d'une sorte de « métamodèle » ou, pour paraphraser Morin, d'« un modèle de modèles ». On y retrouvait tous les modes de fonctionnement connus, commodément mis en relation les uns avec les autres. Et, cerise sur le gâteau, la grille de lecture proposée mettait en évidence un mode d'organisation que, jusqu'alors, nous n'avions jamais conceptualisé et qui nous intriguait tous les deux. Jean-Christian l'avait qualifié d'« holomorphe » en référence à sa propriété singulière que chacune de ses parties portait la forme (en grec *morphos*) du tout (en grec *holos*). Nous y voyions une amorce de réponse à notre quête d'un fonctionnement de l'entreprise prenant mieux en compte la complexité croissante de son environnement.

---

1. On trouvera, p. 131, la liste des documents se référant à ce programme.

Pour aller plus loin dans l'exploration, la conceptualisation et le test du modèle, Jean-Christian disait éprouver le besoin de travailler avec des « spécialistes de l'organisation ». Une catégorie dans laquelle apparemment il me rangeait, tout en considérant que je ne correspondais pas vraiment à l'archétype.

Pour donner toute la puissance nécessaire à notre affaire, je proposais alors à Jean-Christian de monter un programme de Recherche & Développement en bonne et due forme et d'essayer de le faire financer par la maison Bossard. Ce fut plus difficile que je ne l'avais imaginé, mes camarades associés n'étant pas tous convaincus de l'intérêt d'un tel programme. Je finis néanmoins, avec le soutien de Jean-Pierre Auzimour, son président, par emporter le morceau, à condition toutefois que je m'engage à ce que mon unité héberge et cofinance ledit programme. Ce qui suscita d'autres réticences au sein même de mon équipe proche.

En quelques semaines, pressés d'en découdre, nous étions opérationnels. Avec même une première conférence client commune entre Jean-Christian et moi au pavillon d'Armenonville au bois de Boulogne, en décembre 1987.

Forts du financement obtenu, nous étions en mesure de monter une vraie équipe avec, pour commencer, un chef de projet dédié. Notre choix – qui s'avéra heureux – se porta sur un jeune X talentueux acceptant de prendre le risque de se laisser distraire du plan de carrière prometteur dans lequel il était engagé : Hervé Lefèvre. De nombreux consultants de mon activité ainsi que de plusieurs autres furent amenés à y contribuer, les moins empressés étant, paradoxalement, ceux de Bossard Institut. Probablement parce qu'ils vivaient mal le fait que leur père spirituel était allé se commettre avec la corporation des consultants en organisation du cabinet...

Un grand moment fut l'application de notre nouveau modèle à l'institution Bossard. La démarche nous paraissait aller de soi, mais ne soulevait pas l'enthousiasme de nos pairs. Surtout quand il s'est agi de restituer les enseignements de l'opération à l'ensemble des consultants du cabinet. Car ceux-ci mettaient en évidence certaines incohérences et faiblesses de notre fonctionnement, bien connues mais jamais ainsi mises sur la table. Un exercice auquel j'ai le souvenir qu'Hervé Lefèvre prenait un plaisir non dissimulé...

Comme quoi nul n'est prophète en son pays, même dans un cabinet de conseil en management, supposé ouvert à l'innovation et à l'abri du syndrome du « cordonnier mal chaussé ».

En réalité, ce qui se passait chez nous n'était pas différent de ce que nous observions chez nos clients, à travers les conférences et les projets que nous y menions. À savoir que nos interlocuteurs adoptaient l'une ou l'autre des deux attitudes suivantes :

- soit ils entraient très vite dans notre modèle, en se laissant guider par leur intuition ;
- soit ils se montraient réticents à y entrer sans disposer du fil conducteur précis d'une démarche analytique et rationnelle.

Les premiers acceptaient de vivre avec la complexité sans l'obsession des seconds à commencer par la réduire. Ils étaient disposés à aborder le global sans avoir préalablement fait le tour de toutes les parties. L'« *homo globalis* » d'un côté et l'« *homo faber* » de l'autre. *Homo faber* que Jean-Christian Fauvet adorait railler dans ses interventions, en le décrivant comme un indécrottable « mécanicien, armé d'une lampe de poche et d'une clé de 12 », impatient de se précipiter avec délectation dans les entrailles de l'organisation ! Ce qui ne passait pas toujours très bien, car les seconds étaient souvent majoritaires. Comme ils le sont probablement encore aujourd'hui. Et que, dans nos cultures occidentales, la cohabitation des contraires qu'implique la dialectique du Un et du Multiple, même si nous la devons à nos ancêtres grecs, restera probablement encore longtemps malaisée à concevoir et à accepter.

Les deux années 1988 et 1989 du programme furent consacrées à faire avancer et à approfondir les idées et concepts, à bâtir et à tester les outils, à communiquer à l'intérieur et à l'extérieur, à former les consultants ainsi que, *last but not least,* à vendre et à réaliser des interventions s'appuyant sur la démarche.

Parallèlement à ce travail de fond, nous avions avec Jean-Christian Fauvet pris, dès l'origine, le parti de multiplier les conférences clients, sans attendre d'avoir véritablement décanté et solidifié ce que nous avions à présenter. Avec le recul, je trouve que nous ne manquions pas d'air : convier, en les faisant payer, d'éminents dirigeants à de prétendues conférences, mi-happenings, mi-séances de travail, sur une matière dérangeante et non stabilisée, il fallait oser ! Mais cette ambiance d'improvisation convenait parfaitement à Jean-Christian. Et ses extraordinaires talents de conteur emportaient à chaque fois le morceau. Quant à moi, qui passais après lui, j'étais censé montrer des applications concrètes de ce qu'il disait. J'avais évidemment plus de mal à exister, condamné à trouver à chaque fois de nouveaux cas et de nouvelles idées qu'impitoyablement le bougre me piquait la fois d'après. Avec comme point d'orgue mémorable de cette série de conférences, celle qui a rassemblé, en mai 1989, 150 personnes à l'hôtel Georges-V à Paris.

Comme a été mémorable aussi notre tentative, avortée pour cause de notoriété internationale insuffisante, de faire passer un article fondateur de nos travaux dans la *Harvard Business Review*. Avec cependant, comme lot de consolation, une publication dudit article dans sa petite sœur française *Harvard-l'Expansion* en juillet 1990 sous le titre médicalisé d'« Un scanner pour l'entreprise ». Sans oublier la petite aventure de l'opuscule que Jean-Christian et moi avons coécrit sous le titre de *Globalement vôtre… Conte managérial* mais que tout le monde a appelé « Le martien » en référence à son personnage principal. Édité à compte d'auteur par France 1, filiale du Groupe Bossard, il était destiné à l'origine à accompagner les vœux de bonne année 1990 à nos clients. Sauf qu'il n'a été disponible qu'en février !

Début 1990, un bilan détaillé du programme fut établi pour discuter des suites à lui donner. Mais la réunion ne se tint jamais, car entre-temps fut prise la décision d'y mettre fin. Une issue un peu brutale, mais à laquelle je m'attendais, étant donné le contexte peu favorable dans lequel j'en avais forcé le démarrage. Avec un nouvel argument auquel j'étais sensible, à savoir qu'il était important pour la suite de sa carrière chez Bossard qu'Hervé Lefèvre ne reste pas plus longtemps en charge d'un projet interne comme celui-là. D'autant qu'il avait l'air d'y prendre goût… Sans transition ni passage de relais, celui-ci revint donc, passablement frustré, aux affaires, pour prendre en charge le développement de Bossard dans le secteur de la distribution. Une nouvelle aventure qui lui réussit tout autant.

L'arrêt du programme marqua la fin des développements méthodologiques. Mais il n'empêcha pas Jean-Christian et moi de continuer à faire vivre, chacun de son côté et à sa manière, la flamme du « Management global ». Pour Jean-Christian, il allait dorénavant constituer, d'abord au sein de Bossard puis tout au long de sa retraite active, le dernier grand chapitre de sa construction sociodynamique. Il finira même par en « envelopper » tous les développements précédents, comme en témoigne *L'Élan sociodynamique*, son livre paru en 2004.

Lors de l'hommage qui lui a été rendu début 2013, une table ronde était consacrée à l'« auto-organisation », la dénomination qu'il avait adoptée depuis quelques années en remplacement de celle de l'« homomorphisme » des origines. Table ronde au cours de laquelle j'ai eu grand plaisir à rappeler son apport.

De mon côté, j'ai, pendant quelque temps encore, continué à faire des conférences, en particulier à l'international. Ce qui m'a amené à intervenir à Londres aux journées Ressources humaines de l'IFTDO, à Lausanne à l'IMD, à Madrid à l'Instituto de Empresa et à Philadelphie à la Wharton Business School. J'ai le souvenir aussi d'une série d'interventions à l'École supérieure de guerre interarmées, une institution étonnante, jamais en retard d'une innovation de management à se mettre sous la dent. Puis le Management global est devenu et est resté un de mes principaux outils de consultant en management, notamment après avoir réorienté ma pratique vers le conseil de direction.

Que retenir, avec le recul de plus d'un quart de siècle, de cette aventure du Management global ? Qu'elle a, je crois, profondément marqué tous ses protagonistes. D'une part, en raison de la personnalité de Jean-Christian Fauvet et, de l'autre, parce que nous nous sommes rendu compte au fil du temps que son approche était incroyablement visionnaire.

Il faut dire qu'à l'époque, nous avions nous-mêmes des doutes sur l'existence de ce vers quoi nous suggérions d'aller. Dans le premier article paru dans la presse en 1988, dans *Courrier Cadres,* sous le titre de « Prospective : le futur est holomorphe », je confiais au journaliste que « l'entreprise holomorphe est un modèle limite pour lequel nous n'identifions aucun exemple, mais, s'il correspond à une réalité, il est bigrement intéressant »... Nous ne savions pas encore que, quelques décennies plus tard, pour faire face à la complexité galopante du monde, son rythme de changement effréné et son incertitude et pour sortir du cul-de-sac dans lequel nombre d'entre elles se sont laissées enfermer, nos grandes entreprises-robots, bourrées de systèmes, et de plus en plus inhospitalières, allaient devoir se résoudre à faire ou à refaire plus confiance aux hommes et à évoluer vers des formes d'organisation comme celles que nous imaginions.

Dans le même article, je disais un peu plus loin, probablement emporté par mon élan prospectif, que dans l'organisation holomorphe « tout le monde parle à tout le monde ». Ce n'était alors qu'une singularité théorique. Que l'arrivée de l'Internet permettra ensuite d'instrumenter.

Aujourd'hui, la grille de lecture que nous a léguée Jean-Christian Fauvet est à mon sens plus précieuse que jamais pour comprendre la réalité stratifiée et multiforme du fonctionnement des entreprises de notre temps. Pour essayer d'en corriger les dérives et de les faire évoluer, là où c'est possible et avantageux pour elles, vers plus d'holomorphisme ou d'auto-organisation.

Pour aller plus loin

1988 : « Prospective : le futur est holomorphe » article de Jacques Jochem dans *Courrier Cadres.*

1988 : « Bossard veut réconcilier l'ECO et l'EGO » brève dans *Gestion sociale.*

1988 : « L'informatique stratégique, chance ou catastrophe pour les informaticiens ? » article dans *Le Monde informatique.*

1990 : « Un scanner pour l'entreprise », article de Jacques Jochem dans *Harvard L'Expansion.*

1990 : *Globalement vôtre... Conte managérial,* livre de Jean-Christian Fauvet et Jacques Jochem, Éditions France 1.

1991 : « La maîtrise de la complexité par le développement de l'intelligence de l'organisation » thèse de doctorat de Thierry Picq à l'université des Sciences sociales de Grenoble.

1994 : « L'Encyclopédie de la sociodynamique », document collectif interne de Bossard.

1996 : *La Sociodynamique, concepts et méthodes,* livre de Jean-Christian Fauvet, Éditions d'Organisation.

1997 : *1001 Citations sociodynamiques,* livre de Jean-Christian Fauvet, Éditions d'Organisation.

2003 : « L'Auto-organisation », lettre de la sociodynamique n° 7 de Kéa & Partners, par Jean-Christian Fauvet et Yves Jaunet.

2004 : *L'Élan sociodynamique,* livre de Jean-Christian Fauvet et Kéa & Partners, Éditions d'Organisation.

2007 : *L'Auto-révolution,* livre de Philippe Quème, L'Harmattan.

2008 : *Faire bouger son entreprise, ce n'est pas si difficile que ça...,* livre de Jacques Jochem, Maxima.

2009 : « La transformation sociodynamique », article d'Arnaud Gangloff et d'Yves Jaunet, dans *La Revue* de Kéa & Partners.

2013 : « L'auto-organisation : l'apport de Jean-Christian Fauvet », présentation de Jacques Jochem dans le cadre du « Temps des Hommes », hommage à Jean-Christian Fauvet. Vidéo disponible sur le site de l'Institut de la socio-dynamique : www.institutdelasociodynamique.com

2013 : *La Revue* n° 17 sur la « Transformation Sociodynamique » de Kéa & Partners.

Exemples d'auto-organisation dans les sciences et la nature

Le chou-fleur

Dans ses conférences, Benoît Mandelbrot exhibait volontiers un chou-fleur qu'il présentait comme l'objet de notre quotidien illustrant le mieux la notion de « fractale ».

Les « fractales » (du latin *fractus,* qui signifie brisé) sont des objets mathématiques que ce mathématicien français a inventés au début des années 1970 pour décrire la géométrie de la nature dont les formes complexes et irrégulières échappent à la géométrie classique.

Une particularité des fractales, qui est celle qui nous intéresse ici, est la répétition de formes similaires à différentes échelles d'observation, une propriété appelée « autosimilarité » ou « homothétie interne ». Ces formes se répètent à l'infini, et en zoomant sur une partie, le tout refait son apparition. Une autre façon d'exprimer que « **le tout est dans la partie** ».

De telles formes sont assez répandues dans la nature. Une ligne côtière en est un bel exemple : chaque baie possède ses baies ou caps plus petits.

Comme l'est aussi le couvercle de la boîte de « Vache qui rit » autrefois familière aux enfants français, et dont l'observation les initiait au vertige de l'infini...

L'hologramme

L'holographie (du grec *holos* [en entier] et *graphein* [écrire]) est un procédé d'enregistrement qui permet de restituer ultérieurement une image en trois dimensions de l'objet « photographié ». Son principe a été découvert par le physicien hongrois Denes Gabor en 1948.

Les hologrammes sont très connus du fait de leur présence sur les cartes bancaires, par exemple. Ce que l'on connaît moins, c'est qu'ils ont une propriété singulière : si la plaque holographique se brise, chacun des morceaux va restituer, non pas une partie de l'image, mais sa totalité, la netteté en moins. Autrement dit, comme dans le cas des fractales, « **le tout est dans la partie** ». C'est cette propriété, à rebours du principe de spécialisation cher à Taylor, qui avait conduit Jean-Christian Fauvet, au début de sa réflexion, à choisir l'hologramme comme symbole du mode de l'auto-organisation.

Le cerveau humain

Les différentes parties du cerveau apparaissent spécialisées. On peut, par exemple, faire la distinction entre les fonctions accomplies par le cortex, qui contrôle toute activité non routinière, le cervelet qui est le pilote automatique des activités de routine, et le cerveau moyen, centre des sensations, de l'odorat et de l'affectivité. On a coutume aussi de distinguer l'hémisphère gauche (analytique et siège de la pensée rationnelle) de l'hémisphère droit (analogique et siège de la créativité).

Mais l'exécution et le contrôle de comportements spécifiques ne sont pas aussi localisés qu'on l'a cru pendant longtemps. On sait aujourd'hui que les différentes zones du cerveau dépendent toutes étroitement les unes des autres et peuvent même agir les unes pour les autres si c'est nécessaire. Hémisphères gauche et droit se combinent pour produire des modèles de pensée. L'hémisphère droit a de nombreux liens avec le système limbique et les émotions. La mémoire est distribuée en plusieurs endroits plutôt que localisée dans une zone spécifique du cerveau, etc.

Les neurones, cellules nerveuses à la base de ce fonctionnement, sont à la fois lieux d'activité spécifique, lieux de stockage d'information et canaux de transmission. Chacun d'eux est relié à des centaines de milliers d'autres, permettant un fonctionnement à la fois généralisé et spécialisé. Le secret des capacités du cerveau semble donc résider davantage dans cette extraordinaire **connectivité** que dans une différenciation des structures. L'importance du rôle joué par cette connectivité se trouve renforcée par la comparaison entre cerveau humain et cerveau animal. Les éléphants, par exemple, ont des cerveaux beaucoup plus gros que les humains, mais leur degré de connectivité est bien inférieur.

Une des particularités de cette connectivité du cerveau humain est qu'elle donne naissance, en toute circonstance, à un degré d'échanges beaucoup plus élevé que nécessaire. Une **redondance** qui donne au cerveau la souplesse et le surcroît de capacité nécessaire pour faire face aux erreurs fortuites, aux activités nouvelles, et facilite les processus d'**apprentissage**, d'auto-organisation et d'autoréparation.

Les fourmis de feu

Les fourmis de feu sont des fourmis nomades originaires d'Amérique du Sud, redoutables prédatrices qui, inexorablement, envahissent la planète en dévorant tout ce qui vit sur leur passage. Edward Wilson, le plus grand spécialiste mondial des fourmis, s'est intéressé à ces fascinants fleuves vivants, et ne cache pas son enthousiasme : « Il faut faire un pas de côté et contempler cette extraordinaire activité frénétique, source inépuisable d'étrangeté et d'émerveillement ». Il est vrai que leurs armées en déplacement, fortes d'un quart de million de soldats, ont des capacités tout à fait étonnantes. Chacune d'elles **fonctionne comme un super organisme unique.** Si les circonstances l'exigent, elle est par exemple capable de se transformer en pont vivant pour traverser un ruisseau barrant sa route. Elle sait aussi se transformer en radeau et se laisser emporter par le courant d'une rivière pour chercher de nouveaux territoires en aval. Et ce radeau a la propriété de s'adapter à la taille de la population transportée (imaginez un de nos cargos dont la coque grandirait ou rétrécirait automatiquement en fonction du fret chargé dans ses cales !...) Mieux encore : si le radeau menace d'être inondé, il peut se transformer en sphère parfaitement étanche. Un autre chercheur, Nathan Mlot du Georgian Institute of Technology, s'intéresse d'ailleurs tout particulièrement à cette activité de constructeurs navals. Ses vidéos sur YouTube méritent le détour.

Les termites d'Afrique

Le Gallo-Canadien Gareth Morgan[1] est célèbre pour son approche du management à travers les métaphores. L'une de mes préférées est celle des « *strategic termites* ». Voici comment il les décrit sur son site www.imaginiz.com.

« Pour commencer à construire, les termites cherchent un sol plat sur lequel ils se mettent à déplacer frénétiquement la terre d'une manière en apparence aléatoire. Progressivement émergent du chaos et s'élèvent des amoncellements de terre. Une fois tous ces piliers arrivés à une certaine hauteur, leur construction s'arrête. Puis le travail reprend pour les relier par des arches à différents niveaux. Et la termitière devient une structure de plus en plus complexe pour aboutir à une sorte d'architecture de forme libre, avec d'extraordinaires entrelacs de cavités et de tunnels ventilés et à l'hygrométrie contrôlée. Ces termitières peuvent atteindre douze pieds de haut et cent pieds de large, et peuvent héberger des millions d'individus ! Elles correspondent à des buildings humains d'un mile de haut. »

Et tout cela, pourrait-on ajouter, sans architecte ni maître d'œuvre apparents, sans plan et sans programme. Mais avec à l'évidence **des principes de construction partagés** par tous et **une coopération totale**. Et au final, des constructions différentes les unes des autres mais répondant toutes au même « cahier des charges » implicite.

Les étourneaux

Qui n'a jamais été fasciné, un soir d'hiver, par un vol d'étourneaux. Ces oiseaux grégaires virevoltent ensemble dans le ciel, parfois en très grandes formations, pour décrire toutes sortes de formes, larges ou allongées, tantôt en boule, tantôt en entonnoir, tantôt en sablier. Leur nuée fantasque n'arrête pas de se densifier puis de s'éclaircir puis de se densifier à nouveau. Ils volent de façon coordonnée **comme s'ils ne formaient qu'un seul être**, réagissant tous ensemble de manière quasi instantanée : si un oiseau tourne ou change de vitesse, alors tous les autres le font également.

---

1. Gareth Morgan, *Images de l'organisation*, De Boeck, 1999.

Ils intriguent depuis longtemps les scientifiques qui essaient de percer le mystère d'un fonctionnement collectif aussi parfait où aucun oiseau ne heurte jamais un autre. Ils disposent aujourd'hui de systèmes de prise de vue performants et de modèles informatiques permettant de progresser peu à peu dans la compréhension du phénomène et même de simuler ces vols. Mais sans encore être en mesure de prendre en compte tous les paramètres d'environnement que les oiseaux eux sont capables d'intégrer. Ces modèles fonctionnent à partir de quelques principes simples permettant à chaque oiseau de régler son comportement sur ceux des voisins immédiats l'entourant à un instant donné. Avec un mot d'ordre simple : s'en rapprocher le plus près possible sans les heurter. Ce que cherchent aussi à faire les pilotes d'escadrilles d'avions, sauf qu'eux ont en plus la possibilité de se parler, d'utiliser des radars sophistiqués et de répéter les figures...

Une étude récente menée par des chercheurs italiens[1] a de plus mis en évidence que les interactions comportementales entre individus étaient indépendantes de la taille du vol (qui dans l'étude allait de 122 à 4 268 oiseaux).

---

1. « Scale-free correlations in starling flocks », *Proceedings of the National Academy of Sciences*, 2010.

Remerciements

À Arnaud Gangloff et aux associés de Kea, pour avoir accueilli favorablement notre initiative.

Aux membres de l'équipe rassemblés par Hervé Lefèvre autour du projet : Thibaut Cournarie, Laurence Dothée-Steinecker, Herbert Faure, Vincent Jeanteur, Wilfried Legendre, Patrick Longuechaud, Olivier Mouton, Stéphanie Nadjarian, Benjamin Stut, et David-Emmanuel Vivot, pour leurs contributions.

À mes amis et complices professionnels : Gilbert Alcalay, Michel Duhamel, Cécile Guinnebaut, Philippe Pascual, Pascale Portères, Patrick Rebuffie, Anne Risacher, Patrick Roth et Alexandre Tissot, pour m'avoir fait bénéficier de leurs lumières et de leurs encouragements.

Bibliographie

Atlan Henri, *Le Vivant post-génomique ou qu'est-ce que l'auto-organisation ?*, Odile Jacob, 2011.

La Belle Histoire de Favi : l'entreprise qui croit que l'homme est bon, EAN, 2008.

Brafam Ori et Beckstrom Rod A., *The Starfish and the Spider: the Unstoppable Power of Leaderless Organizations*, Portfolio, 2006.

Brown Brad, Sikes Johnson et Willmott Paul, « Bullish on Digital » McKinsey Global Survey, 2013.

Colin Nicolas et Verdier Henri, *L'Âge de la multitude*, Armand Colin, 2013.

Collins Rod, *Wiki Management*, Amacom, 2014.

Debray Régis, *Éloge des frontières*, Gallimard, 2010.

Dupuy François, *Lost in Management*, Seuil, 2011.

Fauvet Jean-Christian, *L'Élan sociodynamique*, Éditions d'Organisation, 2004.

Getz Isaac et Carney Brian M., *Liberté & Cie : Quand la liberté des salariés fait le bonheur des entreprises*, Fayard, 2012.

Girard Bernard, *Le Modèle Google*, M21 Éditions, 2008.

Gladwell Malcolm, *The Tipping Point*, Black Bay Books, 2000.

Harvard Business Review, « First let's fire all the managers », décembre 2011.

Gupta Rajat, « A case for corporate freedom », *The McKinsey Quarterly* n° 3, 1998.

Handy Charles, *The Age of Unreason*, Arrow Business Books, 1989.

Hervé Michel et Brière Thibaud, *Le Pouvoir au-delà du pouvoir*, François Bourin, 2012.

Hsieh Tony, *Zappos : l'entreprise du bonheur*, Leduc Éditions, 2011.

Jay Anthony, *Corporation Man*, Jonathan Cape, 1972 ; traduction française : *Paléontologie de l'entreprise*, Stock, 1978.

Jochem Jacques, *Faire bouger son entreprise, ce n'est pas si difficile que ça...*, Maxima, 2008.

Kjell Nordstroem, *Funky Business*, Village mondial, 2000.

Kotter John, « Accelerate », *Harvard Business Review*, novembre 2012 et *Accelerate*, HBR Press, 2014.

LENHARDT Vincent, *Les Responsables porteurs de sens*, Insep Consulting, 1992.

MALET Jean-Baptiste, *En Amazonie*, Fayard, 2013.

MCGREGOR Douglas, *The Human Side of Enterprise*, McGraw-Hill, 1960.

« Millenial Survey » de Deloitte Touche Tohmatsu sur 28 pays, édition 2014.

MORGAN Gareth, *Images de l'organisation*, De Boeck, 1999.

MORIN Edgar, *La Méthode*, 6 volumes, Seuil, 1977-2004.

NAYAR Vineet, *Les Employés d'abord, les clients ensuite. Comment renverser les règles du management*, Diateino, 2011.

O'RULLY Chub A. et TUSHMAN Michael L., « The Ambidextrous Organization », *Harvard Business Review*, avril 2004.

PINK Daniel H., *Drive: The Surprising Truth About What Motivates Us,* Penguin Books, 2012.

SALOFF-COSTE Michel, *Le Management du troisième millénaire*, Trédaniel, 1999.

SEMLER Ricardo, *Maverick*, Random House, 1993.

SEMLER Ricardo, *The Seven Day Week End*, Penguin, 2003.

SERRES Michel, *Petite Poucette*, Le Pommier, 2012.

TALEB Nassim, *The Black Swan: The Impact of the Highly Improbable*, Random House 2007 et 2010, et *Antifragile: Things That Gain from Disorder*, Random House, 2012.

UNGERER Tomi, *Vracs*, Le Cherche Midi éditeur, 2000.

Table des figures

Index

Table des matières

www.ingramcontent.com/pod-product-compliance
Lightning Source LLC
Chambersburg PA
CBHW061326220326
41599CB00026B/5045